曹薰铉、李昌镐精讲围棋系列

李昌镐围棋研究室 ——编著

精讲围棋手筋 ⑤

化学工业出版社
·北京·

图书在版编目（CIP）数据

精讲围棋手筋.5/李昌镐围棋研究室编著. —北京：化学工业出版社，2020.7
（曹薰铉、李昌镐精讲围棋系列）
ISBN 978-7-122-36805-8

Ⅰ.①精… Ⅱ.①李… Ⅲ.①围棋-对局（棋类运动）Ⅳ.①G891.3

中国版本图书馆CIP数据核字（2020）第079156号

责任编辑：史　懿　　　　　　　　　　　　装帧设计：刘丽华
责任校对：宋　玮

出版发行：化学工业出版社（北京市东城区青年湖南街13号　邮政编码100011）
印　　装：大厂聚鑫印刷有限责任公司
710mm×1000mm 1/16　印张12　字数180千字　2020年9月北京第1版第1次印刷

购书咨询：010-64518888　　　　　　　售后服务：010-64518899
网　　址：http：//www.cip.com.cn
凡购买本书，如有缺损质量问题，本社销售中心负责调换。

定　　价：49.80元　　　　　　　　　　　　　　　　版权所有　违者必究

手筋——围棋之花

很多围棋爱好者常有这样的感叹，自己的布局下得还不错，但中盘不知什么原因，下得一塌糊涂，对此感到十分茫然。《精讲围棋手筋》正可以解决广大爱好者的这一苦恼。

"手筋"是指在围棋的局部战斗中，可以最大限度地发挥棋子效率的技术，因而有"围棋之花"的美誉。如果不能正确掌握围棋手筋这一技术，根本无法与对方进行复杂的战斗。

布局暂告一段落后，双方即进入了中盘的战斗。进入中盘后，很多围棋爱好者都比较喜欢局部的拼杀，而职业棋手则有更强的全盘作战欲望。不夸张地说，对围棋手筋的掌握和利用，是取得中盘战斗胜利的秘诀。

《精讲围棋手筋》共六卷，其中前两卷针对初级水平的读者，后四卷适合中高级水平的读者。每卷收集了120余个问题，并配以详尽的解说。各位读者通过循序渐进的学习，不知不觉中可以发现自己的棋力已有了明显的进步。

李昌镐
2020年5月

围棋是中国的国粹，它能启发智力，开拓思维，是一项非常有益的修身养性的娱乐活动。成人通过学习围棋，可以培养自己良好的心境和大局观；儿童通过学习围棋，可以培养耐心，提高专注力，锻炼独立思考能力，挖掘思维潜能。学习围棋对课业学习也有十分明显的帮助。

那么如何学习围棋？如何学好围棋？什么样的围棋书才能更有针对性地提升棋艺水平？

韩国棋手曹薰铉、李昌镐不仅是韩国围棋的代表人物，在国际棋界也有举足轻重的地位。我们经与曹薰铉、李昌镐本人直接接洽，使得本系列书得以顺利出版。

本系列书包括定式、布局、棋形、中盘、对局、官子、死活、手筋共8个主题，集曹薰铉、李昌镐成长经验和众多棋手的智慧于一体，使用了韩国职业棋手的大量一手资料，其难度贯穿了围棋入门、提高、实战和入段等各个阶段，内容覆盖了实战围棋各个方面，是非常系统且透彻的围棋自学读物。

《精讲围棋手筋》详细讲解了手筋在吃子、对杀、攻击、防守、死活、官子等围棋各个阶段中的应用，例题丰富，循序渐进，以引导和启发为出发点，着重培养围棋爱好者的学习兴趣和思维方式，重视第一手感觉的培养，强调实战应用。

本书由陈启承担资料翻译、整理工作，由石心平、范孙操负责稿件审校，并得到曹薰铉、李昌镐围棋研究室众多成员的大力协助，在此对他们的辛勤劳动表示诚挚的感谢。

衷心希望广大围棋爱好者能通过学习本书迅速提高棋力，并由此享受围棋带来的快乐。

编著者
2020年5月

目录

第1章 联络

问题 1 1
问题 2 1
问题 3 4
问题 4 4
问题 5 7
问题 6 7
问题 7 10
问题 8 10
问题 9 13
问题 10 13
问题 11 16
问题 12 16
问题 13 19
问题 14 19
问题 15 22
问题 16 22
问题 17 25
问题 18 25

第2章 整形与出头

一、整形 28
问题 19 28
问题 20 28
问题 21 31
问题 22 31
问题 23 34
问题 24 34
问题 25 37
问题 26 37
问题 27 40
问题 28 40
问题 29 43
问题 30 43

二、出头 46
问题 31 46
问题 32 46
问题 33 49
问题 34 49
问题 35 52
问题 36 52
问题 37 55
问题 38 55
问题 39 58
问题 40 58
问题 41 61
问题 42 61

第3章 官子

问题 43 64
问题 44 64
问题 45 67
问题 46 67
问题 47 70
问题 48 70
问题 49 73
问题 50 73
问题 51 76
问题 52 76
问题 53 79
问题 54 79
问题 55 82
问题 56 82
问题 57 85
问题 58 85
问题 59 88
问题 60 88
问题 61 91
问题 62 91

第4章 做 活

问题 63 94

问题 64 94
问题 65 97
问题 66 97
问题 67 100
问题 68 100
问题 69 103
问题 70 103
问题 71 106
问题 72 106
问题 73 109
问题 74 109
问题 75 112
问题 76 112
问题 77 115
问题 78 115

第5章 攻击与脱险

一、攻击 118
问题 79 118
问题 80 118
问题 81 121
问题 82 121
问题 83 124
问题 84 124
问题 85 127

问题 86 127	问题 106 157
问题 87 130	问题 107 160
问题 88 130	问题 108 160
问题 89 133	问题 109 163
问题 90 133	问题 110 163
问题 91 136	
问题 92 136	二、脱险 166
问题 93 139	问题 111 166
问题 94 139	问题 112 166
问题 95 142	问题 113 169
问题 96 142	问题 114 169
问题 97 145	问题 115 172
问题 98 145	问题 116 172
问题 99 148	问题 117 175
问题 100 148	问题 118 175
问题 101 151	问题 119 178
问题 102 151	问题 120 178
问题 103 154	问题 121 181
问题 104 154	问题 122 181
问题 105 157	

第1章

联 络

问题 1 ▶▶

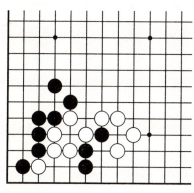

问题图

黑先。要救出被白棋围困的黑三子，只有充分利用对方的断点才行。那么请问黑棋应如何下？

问题 2 ▶▶

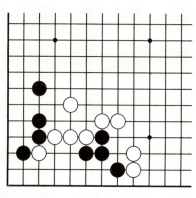

问题图

黑先。黑棋应如何救出下边四子。请问黑棋的手筋是什么？

问题1解说

图1 正解

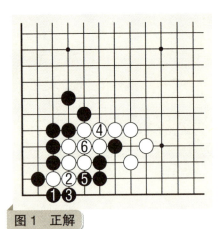

图1 正解

黑1在一路打吃是解决问题的手筋,白2如果连接,黑3爬,白棋由于考虑到自身的断点,而白4连接,从而黑棋可以安然联络。

图2 变化

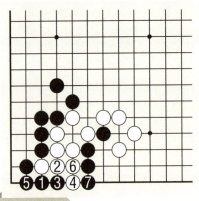

图2 变化

黑1打吃,其后黑3爬时,白4、6如果坚决切断,则黑7打吃后,由于接不归,白损失更大。

图3 失败

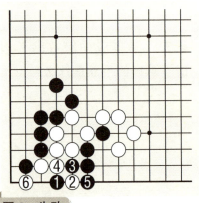

图3 失败

黑1的目的是希望白棋在4位连接,但这只是黑棋单方的想法。白2跨严厉,结果黑棋联络失败。

问题 2 解说

图 1　正解

黑 1 飞是联络的手筋，白 2、4、6 虽进行阻挠，但以下进行至黑 7，黑棋的联络已无困难。

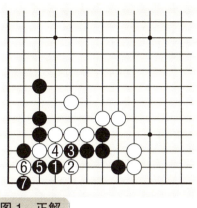

图 2　变化

黑 1 时，白 2 如果连接，黑 3 即可成功联络。以后白 A 时，黑 B 断即可。

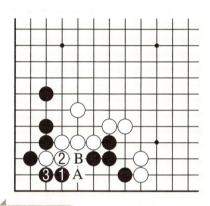

图 3　打劫

黑 1 直接打吃时，白 2、4 可以利用打劫进行抵抗。其后黑 5 打吃时，白 6 下立，黑棋不能无条件活棋。

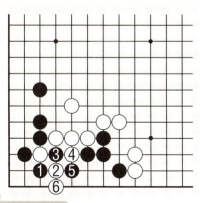

问题 3 ▶▶

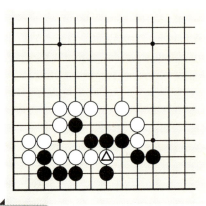

问题图

黑先。白△长的目的是瞄着黑棋的两处断点，面对这一形势，黑棋看似两块棋很难兼顾。那么请问黑棋能解决两处断点的手筋是什么？

问题 4 ▶▶

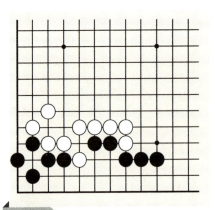

问题图

黑先。黑棋能否成功联络虽对左右黑棋的生死关联不大，但其目数差别很大。那么请问黑棋应如何下？

问题 3 解说

图 1 正解

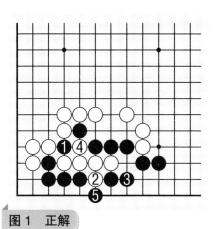

图 1 正解

黑 1 扑是解决两处断点的手筋，白 2 如果冲，黑棋扑白一子即可充分发挥作用，以下进行至黑 5，白棋无法断黑棋。

图 2 变化

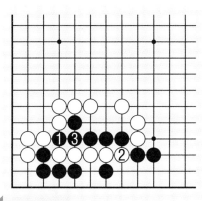

黑 1 扑时，白 2 断无理，黑 3 只需连接，白棋五子便被吃。

图 3 失败

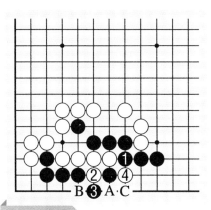

黑 1 单接错误，白 2、4 后，黑棋失败。以后若黑 A 连接，白 B 扑，然后白 C 再打吃。

问题 4 解说

图 1 正解

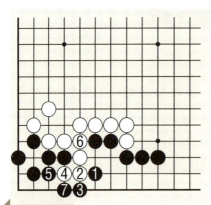

图 1 正解

黑 1 跳是联络的手筋,白 2 虽进行抵抗,但黑 3 扳是连贯的手筋,以下至黑 7,黑棋可以成功联络。

图 2 变化

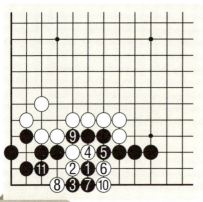

图 2 变化

白 2、黑 3 时,白 4、6 强行切断无理,黑 7 是好棋,若白 8 执迷不悟,以下进行至黑 11,白棋全灭。

图 3 失败

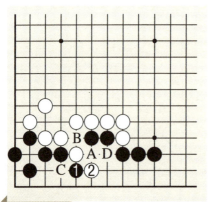

图 3 失败

黑 1 扳,看似可以联络,但白 2 是强手,以后即使黑 A 打吃,白 B 只需连接,黑棋 C 位和 D 位的弱点不能兼顾。

问题 5

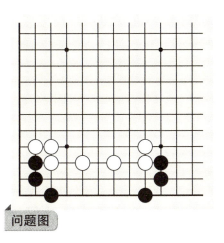

问题图

黑先。"左右同形走中央",这一围棋格言在对局中非常实用。那么请问黑棋应如何联络?

问题 6

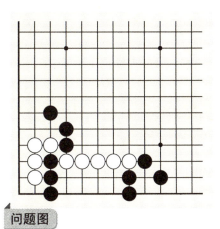

问题图

黑先。角上黑三子只有与右边的黑子取得联络才能活,但稍有不慎,则无法联络。那么请问黑棋应如何下?

问题5解说

图1 正解

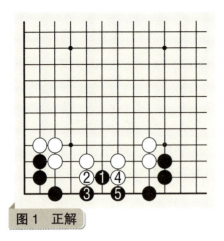

图1 正解

黑1大飞是对称棋形的中央，也是解决问题的手筋。以后不论白棋如何努力，都无法阻止黑棋的渡过。

图2 变化

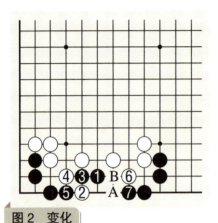

图2 变化

黑1时，白2试图阻止黑棋的联络，黑3、5断即可简单解决问题。白6虽做最后的努力，但黑7应，以后白A时，黑B即可。

图3 失败

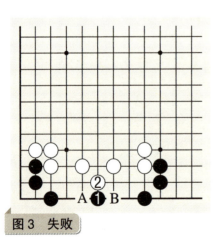

图3 失败

黑1虽然同样位于对称棋形的中央，但是选点错误。白2则是切断黑棋的急所，以后白棋在A位和B位中必居其一。

问题6解说

图1 正解

黑1在一路跳是联络的手筋,白2如果执意切断,黑3、5吃去白棋一子,黑仍可联络。

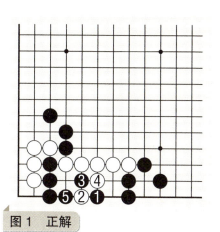

图1 正解

图2 变化

黑1跳时,白2以下至白6谋求变化,但至黑7,黑棋很安全。

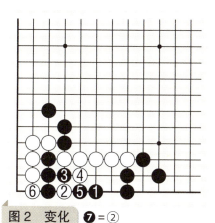

图2 变化 ❼=②

图3 失败

黑1跳错误,白2、4、6扑后,白8打吃,黑四子接不归。

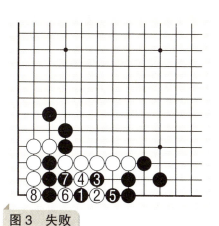

图3 失败

问题 7

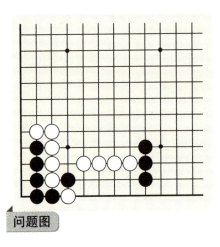

问题图

黑先。角上黑棋如果不能与右侧的黑棋形成联络,将必死无疑。那么请问黑棋摆脱这一危险的手筋是什么?

问题 8

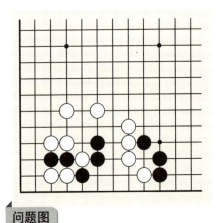

问题图

黑先。角上黑棋不论向什么方向发展都不可能做活,但可以抓住白棋的弱点谋求与右侧黑棋联络。那么请问黑棋应如何下?

问题7解说

图1 正解

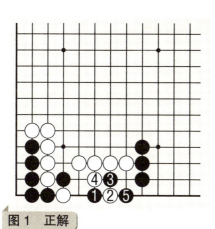

图1 正解

黑1飞正确,白2、4如果执意切断,则至黑5,黑棋仍可成功联络。

图2 变化

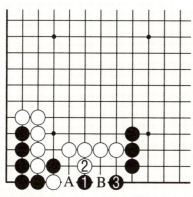

图2 变化

黑1时,白2如果顶,黑3尖是好手,而白棋在A位和B位都不能入子。

图3 失败

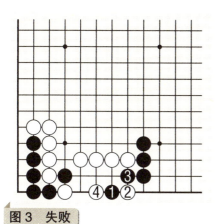

图3 失败

黑1飞,被白2、4反击,黑棋失败。

问题 8 解说

图 1 正解

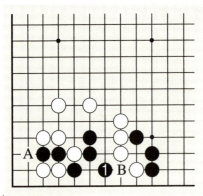

图 1 正解

黑 1 虎是解决问题的唯一办法，其后黑棋在 A 位和 B 位中必居其一。

图 2 失败 1

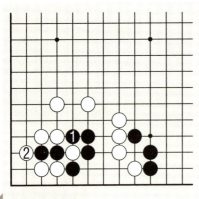

图 2 失败 1

黑 1 直接提子是不负责任的下法，白 2 打吃后，黑棋六子已无活棋的可能。

图 3 失败 2

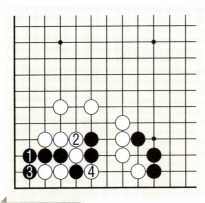

图 3 失败 2

黑 1、3 直接在角上活动，但至白 4，黑棋的生存空间不够。

问题 9 ▶▶

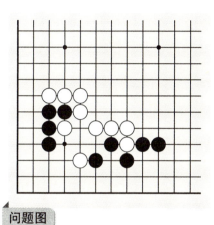

问题图

黑先。黑棋由于存在多处断点，因而看似无法联络，但只要下出手筋，形势将为之一变。那么请问黑棋应如何下？

问题 10 ▶▶

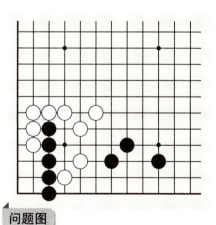

问题图

黑先。角上黑五子无论如何都做不出两只眼来。如要活棋，唯一的出路是向右边的黑棋请求支援。那么请问黑棋应如何联络？

问题9解说

图1 正解

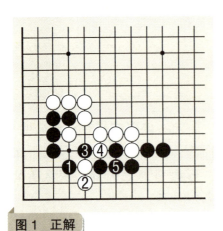

图1 正解

黑1夹是联络的手筋,白2若下立,黑3可以断,以下白4、黑5,结果白二子被吃。

图2 变化

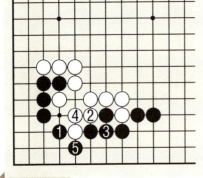

图2 变化

黑1时,白2、4虽可利用,但至黑5,无法阻挡黑棋的联络。

图3 失败

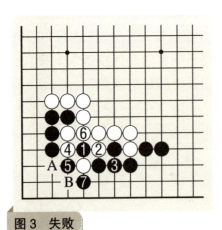

图3 失败

黑1扳不好,白2、4、6提黑一子,黑7渡过后,白棋有在A位断吃黑四子或在B位打劫的强手。

问题 10 解说

图 1 正解

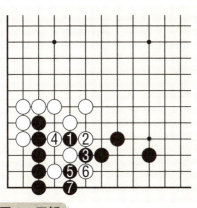

图 1 正解

黑 1 挖正确，白 2 被白打吃时，黑 3 利用先手，然后黑 5 夹，即可简单生还。这一行棋次序不能有丝毫错误。

图 2 变化

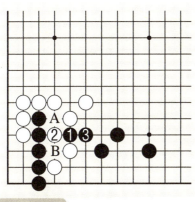

图 2 变化

黑 1 挖时，如果白 2 打吃，黑 3 连接后，以后黑棋在 A 位和 B 位中必居其一，黑棋可反吃住白棋。

图 3 失败

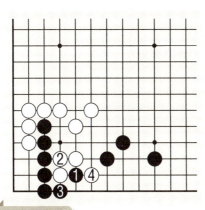

图 3 失败

黑 1 先夹错误，白 2 连接是好棋，至白 4 打吃，黑棋无法联络。

问题 11

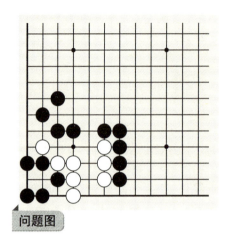

问题图

黑先。本题中黑棋联络的难度并不大，问题在于如何不给白棋以反击的机会。那么请问黑棋应如何下？

问题 12

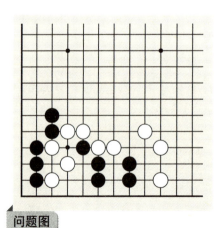

问题图

黑先。黑棋如何攻击白棋弱点，将决定右边黑棋的死活。那么请问黑棋应如何联络？

问题 11 解说

图 1　正解

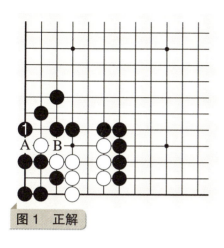

图 1　正解

黑 1 尖，是吃住整块白棋的手筋。以后白 A 时，黑 B 断，白棋全部不活。

图 2　失败 1

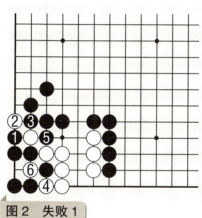

图 2　失败 1

黑 1 是缺少思考的下法，白 2 先手利用，其后白 4 打吃非常重要，大块白棋可活。

图 3　失败 2

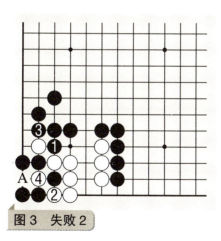

图 3　失败 2

黑 1 断，结果与图 2 大同小异。白 2、4 应后，白棋可以吃住黑棋的尾巴，以后白 A 提子即活。

问题 12 解说

图1 正解

黑1夹正确,白2、4只好后退,白棋的痛苦,至黑5,黑棋成功联络。

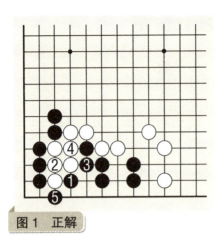

图1 正解

图2 变化

黑1夹时,白2如果打吃,黑3有反打的手筋,白4须连接,黑5提子后,黑棋在A位和B位中必居其一。

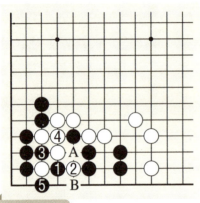

图2 变化

图3 失败

黑1连接操之过急,白2也连接。黑3时,白棋如果下在A位,则还原成正解的进行。但白4打吃,以后黑棋只能与白棋打劫。

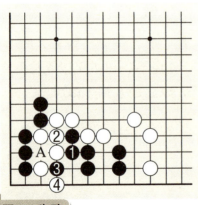

图3 失败

问题 13 ▶▶

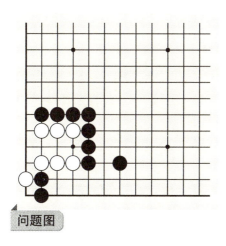

问题图

黑先。角上黑二子由于有决定白棋命运的作用，因而很重要。黑二子一旦活出，则白大块全死。那么请问黑棋应如何下？

问题 14 ▶▶

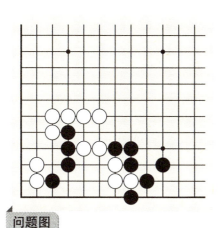

问题图

黑先。本题中的黑棋不能仅仅满足于官子利益，而应谋求无条件救活黑四子。那么请问黑棋应如何下？

问题 13 解说

图 1 正解

黑 1 跳是手筋，白 2、4 反击看似可以成立，但至黑 5，白棋已无力抵抗。

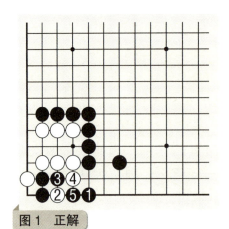

图 1 正解

图 2 失败 1

黑 1 扳，白 2 时，黑 3、5 试图做劫，但以下进行至白 8，黑棋已难以为继。

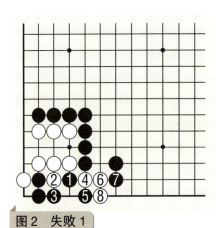

图 2 失败 1

图 3 失败 2

黑 1 跳同样毫无意义，白 2 以下至白 6，黑棋明显不行。

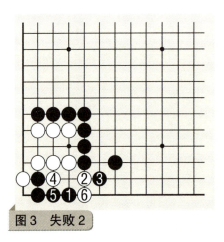

图 3 失败 2

问题 14 解说

图 1　正解

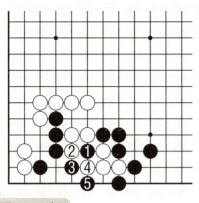

图 1　正解

黑 1 断是手段的开始，白 2 冲，黑 3 是精彩的次序，白 4 时，黑 5 扳，可以成功联络。

图 2　失败 1

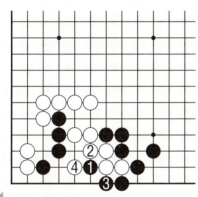

图 2　失败 1

黑 1 靠是收官时的常用下法，白 2、4 后，黑四子已成为白棋的俘虏。

图 3　失败 2

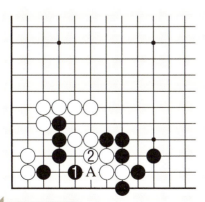

图 3　失败 2

黑 1 虽是棋形的急所，但白 2 连接后，黑棋失败。黑 1 希望白 2 下在 A 位，这样黑棋可在一路扳，但这只是黑棋一厢情愿。

问题 15

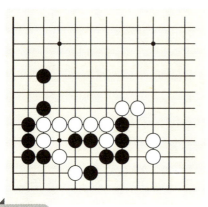

问题图

黑先。黑棋由于存在不入气的缺点，看起来似不能联络。但反过来，黑棋以其人之道还治其人之身，却可简单解决问题。那么请问黑棋应如何下？

问题 16

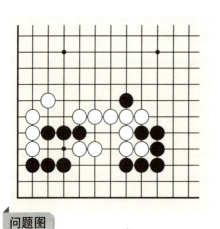

问题图

黑先。本题中的黑棋如果一上来就只顾联络，反而会被对方切断。需要下出妙手，才能安全渡过。那么请问黑棋应如何下？

问题 15 解说

图 1 正解

黑1夹是联络的手筋，除此以外，没有任何其他选择的余地。白2必须连接，黑3安然渡过。

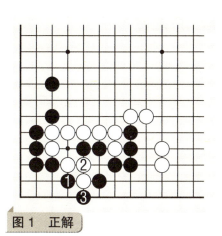

图1 正解

图 2 变化

黑1夹时，白2打吃无理，黑3先手打后，黑5连接，白数子反而被吃。

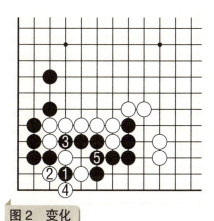

图2 变化

图 3 失败

黑1与白2交换后，黑3、5再渡过，但由于黑棋有A位和B位的致命弱点，黑棋不能无条件渡过。

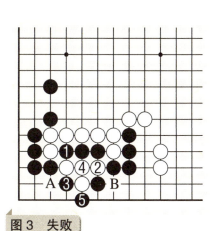

图3 失败

问题 16 解说

图 1 正解

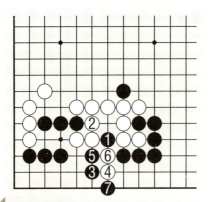

图1 正解

黑1挖是谋求联络的非常措施，白2连接时，黑3飞，以下进行至黑7，便可发现黑1所发挥的作用。

图 2 变化

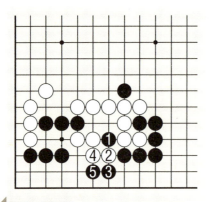

图2 变化

黑1挖时，白2如果打吃，黑3反打是先手，至黑5，黑棋安全联络。

图 3 失败

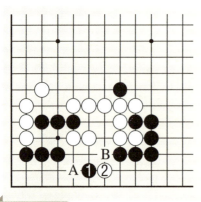

图3 失败

黑1直接飞，白2反击可以成立。以后黑A时，白B应；而黑B时，白A可以夹。

问题 17

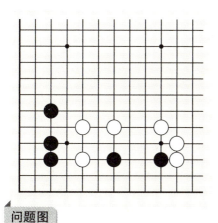

问题图

黑先。右边的黑二子十分危险，黑棋如果为了寻求腾挪，盲目采用靠、断之类的手法，容易招致对自己不利的结果。那么请问黑棋的正确下法是什么？

问题 18

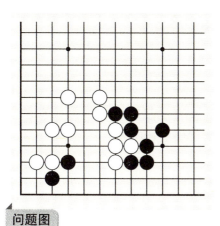

问题图

黑先。左侧黑二子并非已毫无作为，黑棋对其利用如何，结果将大不相同。那么请问黑棋还有解救这两个子的机会吗？

问题 17 解说

图 1 正解

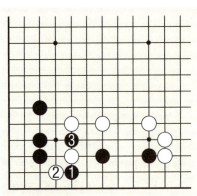

图 1 正解

黑 1 托问白棋的应手，白 2 如果扳，黑 3 挖则是手筋，后续变化见图 2。

图 2 正解继续

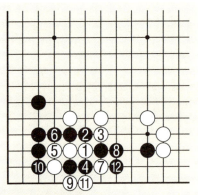

图 2 正解继续

白 1、3 正面作战，黑 2 以下进行至黑 12，黑棋在对攻中取胜。

图 3 失败

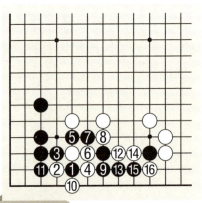

图 3 失败

黑 1、白 2 时，黑 3 立即断是失误，此时白 4 打吃后，白 6、8 断是强有力的反击，以下进行至白 16，白棋在对攻中取胜。

问题 18 解说

图 1　正解

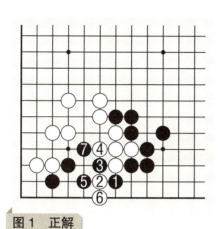

图 1　正解

黑 1 扳是唯一正确的着法，白 2 时，黑 3 断巧妙，白 4、6 进行抵抗，但至黑 7，黑棋有打劫的手段。

图 2　变化

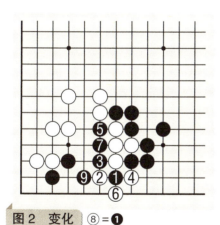

图 2　变化　⑧=❶

黑 1 扳后，黑 3 断时，白 4 打吃黑棋一子是大恶手，黑 5、7 打吃后，黑 9 虎，结果白棋被吃。

图 3　失败

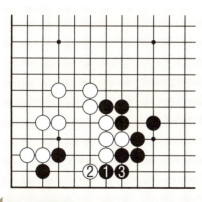

图 3　失败

黑 1、3 扳接仅仅是官子下法，如果是实战，黑棋很可能满足这一下法。

第2章

整形与出头

一、整形

问题 19 ▶▶

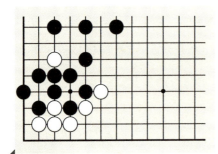

问题图

黑先。黑一子处于打劫的状态，而黑棋目前肯定不能说已是漂亮的棋形。那么请问黑棋应如何下？

问题 20 ▶▶

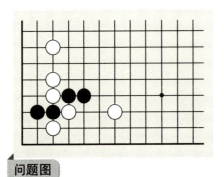

问题图

黑先。弃子对整形来说，经常是非常有利的。那么请问本题中黑棋应如何利用弃子？

问题 19 解说

图 1　正解

黑棋不急于连接一子，而黑1断打是手筋。白2时，黑3、5反打，以下至白8，黑棋可以成功整形。

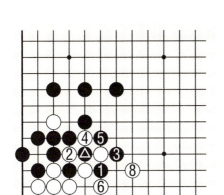

图 1　正解　❼ = △

图 2　变化

在正解的进行中，白1如果连接，黑2先手利用后，黑4虎，白棋整体不活。

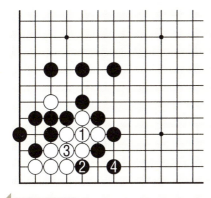

图 2　变化

图 3　失败

黑1连接过于软弱，棋形呆板，自然不好。

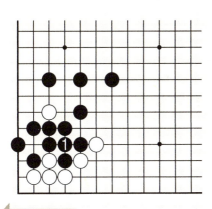

图 3　失败

问题20解说

图1 正解

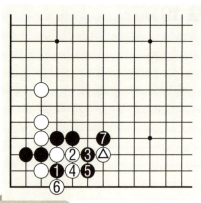

图1 正解

黑1打吃后,黑3、5先手利用,结果虽然损失角地,但至黑7,黑棋控制住白△一子,完全可以补偿损失。

图2 失败1

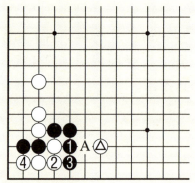

图2 失败1

黑1、3虽同样利用弃子,却是错误的,至白4,黑棋不能有效控制白△一子。白△子如果在A位,黑1、3则是常用手段。

图3 失败2

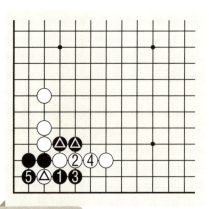

图3 失败2

黑1、3打吃后,黑5活角,是因小失大的下法。黑△二子已不能发挥作用,黑棋失败。

问题 21 ▶▶

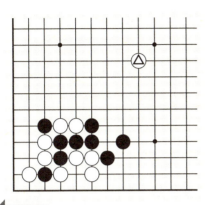

问题图

黑先。由于白△子的引征作用，黑棋征子不利。那么请问黑棋应如何利用白棋的弱点，将自己的棋形下好？

问题 22 ▶▶

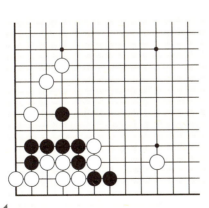

问题图

黑先。黑棋被白二子一分为二，战斗将非常不利。在此形势下，黑棋应如何整形？

问题 21 解说

图 1　正解

黑 1 断打是正确的利用时机，白 2 只好提子，黑 3 打很舒服，黑 5 再长，以后黑 A 挡又是先手。

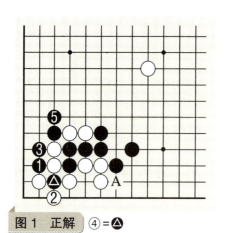

图 1　正解　④=△

图 2　变化

黑 1 打吃时，白 2 是黑棋所希望的，黑 3 打吃后，黑 5 可以征吃白二子。

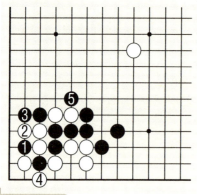

图 3　失败

黑 1、3 打吃是典型的俗手，白 4 攻击后，预计黑棋以后不好下。这与正解相比，差别很大。

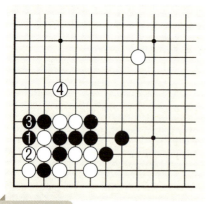

问题22 解说

图1 正解

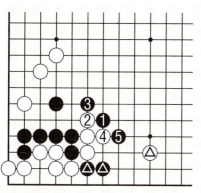

图1 正解

黑1封，是寻求弃子的头绪。白2、4冲时，黑5扳是要领，黑棋打算利用黑△二子整形。此时白△一子对黑棋则虎视眈眈。

图2 正解继续

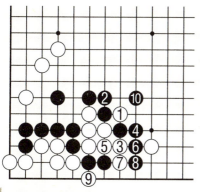

图2 正解继续

白1打吃，以下进行至白9，白棋只好吃黑二子，而黑10后可以构筑坚固的外势。

图3 失败

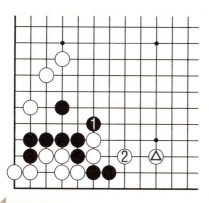

图3 失败

黑如不采用弃子战术，而于黑1扳头，被白2跳，白△一子恰好加入到攻击黑棋的行列。

问题 23

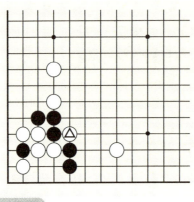

问题图

黑先。白△一子是黑棋的眼中钉。黑棋如果能吃住此子当然最好,如果不能吃住此子,也应寻求对自己有利的结果。那么请问黑棋应如何整形?

问题 24

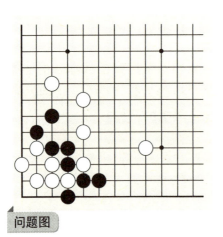

问题图

黑先。黑棋被白棋一分为二,形势困难。但黑棋如能巧妙发挥弃子的作用,便可轻松摆脱困难的局面。那么请问黑棋应如何整形?

问题 23 解说

图 1　正解

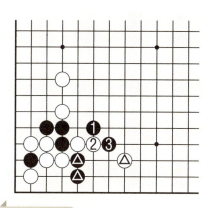

图 1　正解

黑 1 封是手筋，白 2 时，黑 3 扳是准备好的一手，黑棋可以利用弃去黑▲二子封锁白棋。另外，削弱白㊀子的作用也是目的之一。

图 2　正解继续

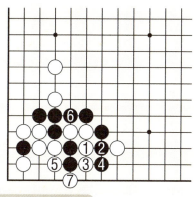

图 2　正解继续

白 1、3 只好吃黑二子，而至黑 6，黑棋可以先手筑成铁壁般的外势。

图 3　失败

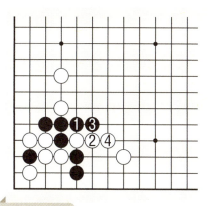

图 3　失败

黑棋如果未能发现弃子的手筋，可能会下出黑 1、3 的着法。结果白棋不仅捞取实地，而且可以继续攻击黑棋，白棋非常满足。

问题 24 解说

图 1 正解

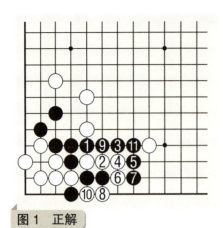

图 1 正解

黑1打吃,白2时,黑3封是手筋,白4冲后,黑棋看似已不可两全,但黑5、7、9先手利用后,黑11连接,黑棋的弃子战术取得了极大的成功。

图 2 变化

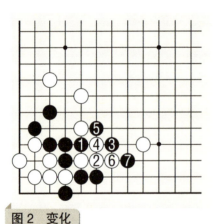

图 2 变化

黑1打吃,其后黑3封时,白4是大恶手,以下进行至黑7,白四子被征吃。

图 3 失败

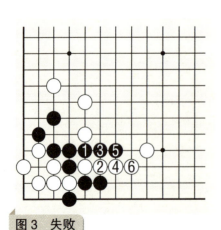

图 3 失败

黑1、白2时,黑3打吃是不负责任的下法,白4、6应后,黑大损。

问题 25

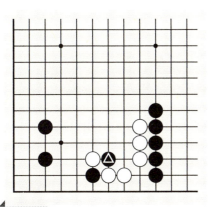

问题图

黑先。黑棋的目的是将整块白棋全部变成浮棋,以后便于攻击。但黑▲一子的处理如何,对以后的影响很大。那么请问黑棋应如何处理此棋形?

问题 26

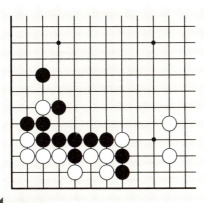

问题图

黑先。黑棋在左边已构筑成强大的外势,如下边二子能成功地向中腹出头,黑棋当然有利。但黑棋必须首先补自身的弱点。那么请问黑棋正确的下法是什么?

问题 25 解说

图 1　正解

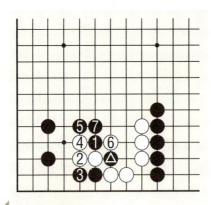

图 1　正解

黑 1 打吃后，黑 3 长是正确的次序。其后白 4 时，黑 5 扳非常好，白 6 只好打吃，黑 7 则连接，白棋虽吃住黑△一子，却是假眼，而黑棋却最大限度地发挥了黑△子的作用。

图 2　变化

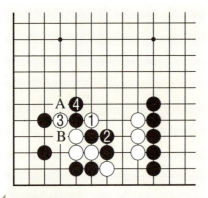

图 2　变化

正解的进行中，白棋如果不在 2 位打吃，而白 1 打吃，黑 2 连接很好，白 3 打吃，黑 4 长后，黑棋在 A 位和 B 位中必居其一。

图 3　失败

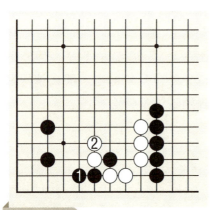

图 3　失败

黑 1 长时，白 2 可以补棋，此时白棋的眼形已十分丰富。

问题 26 解说

图 1 正解

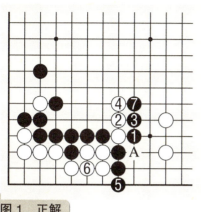

图 1 正解

黑1打吃，白2以下至白4均是必然的次序，由于黑5可以先手防备A位的断点，下至黑7，黑棋可以毫无顾忌地与白棋作战。

图 2 变化

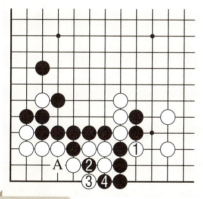

图 2 变化

正解的进行中，白棋如果不去补断点，而是白1断，黑2、4滚打则可成立。由于有A位的断点，白棋接不归。

图 3 失败

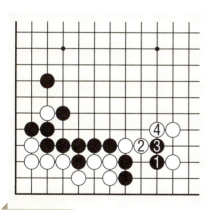

图 3 失败

类似黑1靠的下法，并非是任何时候都可以成立的，本题即是一例。白2长是急所，以下黑3、白4，黑棋困难。

问题 27

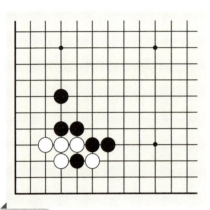

问题图

黑先。被打吃的黑一子已肯定不能救活，但黑棋可以利用弃子有所作为。那么请问黑棋正确的下法是什么？

问题 28

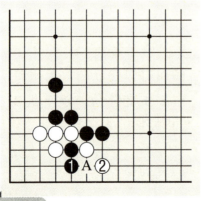

问题图

黑先。黑1下立时，白2尖的处理方法比在A位紧气要效率高些。那么请问黑棋以后的最佳下法是什么？

问题 27 解说

图 1　正解

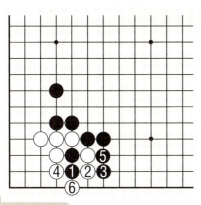

图 1　正解

黑 1 下立，多送一子是常用的手筋。白 2 挡吃黑二子，黑 3、5 则可先手构筑外势。

图 2　失败 1

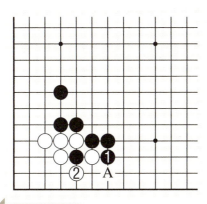

图 2　失败 1

黑 1 单打，白 2 提子，黑棋失败，且以后白 A 还是先手。与正解相比，差别很大。

图 3　失败 2

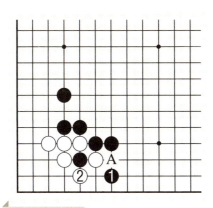

图 3　失败 2

黑 1 单跳是疑问手，白 2 提子后，A 位的断点已成为黑棋的负担。

问题 28 解说

图 1 正解

黑 1 拐，多弃一子是关键。黑 1 与白 2 交换后，黑 3 可以先手利用。以下进行至白 6，黑棋先手在两侧定形。

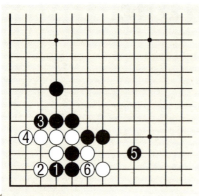

图 1 正解

图 2 正解继续

黑▲时，白棋如脱先，黑 1 打吃，黑 3 顶，白三子被吃。

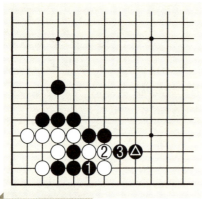

图 2 正解继续

图 3 失败

黑 1 打吃后，黑 3 挡，具有很浓的俗手味道。不仅 A 位挡已不可能成为先手，而且还须补 B 位断点。

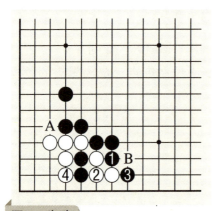

图 3 失败

问题 29

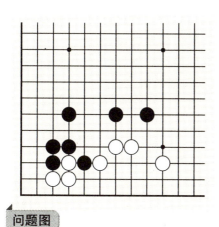

问题图

黑先。黑棋如何先手处理角地和中腹，是本题的焦点。那么请问黑棋的正确下法是什么？

问题 30

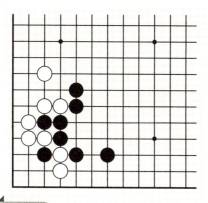

问题图

黑先。在本题中无疑黑形有某些缺陷，如能做出一点牺牲，而将棋下厚，当然再好不过。那么请问黑棋正确的下法是什么？

问题 29 解说

图 1 正解

黑1下立是解决问题的出发点，白2被迫断，黑3、5则先手利用，黑棋可以先手处理中腹和角地。

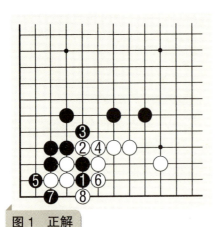
图 1 正解

图 2 失败 1

黑1单接过于平常，白2渡过后，黑棋不仅存在A位的弱点，而且以后白棋还有B位的先手官子。

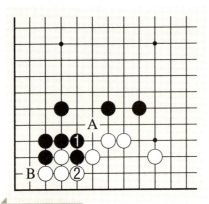
图 2 失败 1

图 3 失败 2

黑1扳，被白2补后，黑棋同样失败。因此大家应充分理解正解中黑棋弃子的意义。

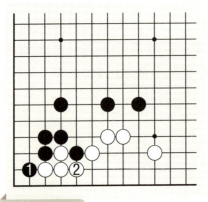
图 3 失败 2

问题 30 解说

图 1 正解

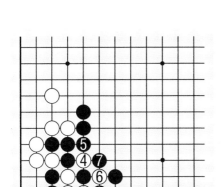

图 1 正解

黑 1、3 挡是极其有意思的下法，其后白 4、6 时，黑 5、7 滚打是常用的手筋。

图 2 正解继续

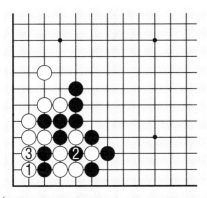

图 2 正解继续

白 1、3 只好吃黑二子，而黑棋却可先手提去白二子，并构筑成强大的外势。

图 3 失败

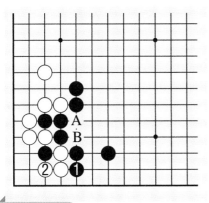

图 3 失败

黑 1 挡，被白 2 拐吃后，黑棋失败。由于有 A 位和 B 位的弱点，黑棋很难放手行棋。

二、出头

问题 31 ▶▶

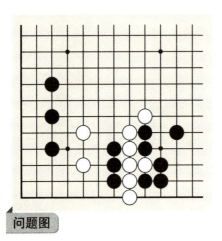

问题图

黑先。中间的黑三子如能成功逃跑，左右白棋中必有一块成为黑棋的俘虏。但黑棋如不经过缜密的计算，很难逃出虎口。那么请问黑棋正确的下法是什么？

问题 32 ▶▶

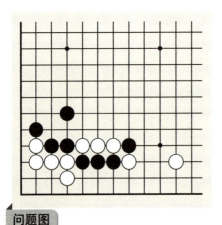

问题图

黑先。图中黑白双方相互切断，处于对杀的状态。黑棋一定要珍惜宝贵的先手。那么请问黑棋正确的下法是什么？

问题 31 解说

图 1 正解

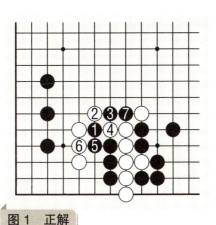

图 1 正解

黑 1 尖顶问白棋的应手是巧妙的下法，白 2 如果扳，黑 3 可以反扳，白 4、6 应时，黑 7 断，白棋大龙被吃。

图 2 变化

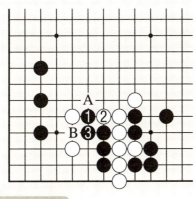

图 2 变化

黑 1 时，白 2 如果强攻，黑 3 连接是稳健的好棋，以后黑棋可在 A 位或 B 位中居其一。

图 3 失败

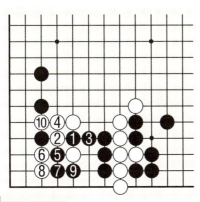

图 3 失败

黑 1 挖虽然也可救活三子，但白 2 打吃，以下至白 10，黑棋的角地受到了伤害。

问题 32 解说

图 1 正解

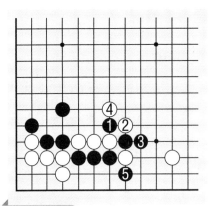

图 1 正解

黑 1 扳，先紧气正确。白 2、4 无奈只好打吃，黑 3 则先手长，其后黑 5 可以征吃白一子。

图 2 失败 1

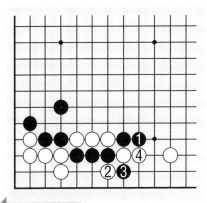

图 2 失败 1

黑 1 长过于勉强，白 2 扳后，黑棋已不好处理。

图 3 失败 2

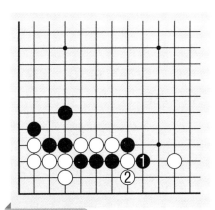

图 3 失败 2

黑 1 打吃是不负责任的下法，以后黑棋不论如何努力，结果都不会好。

问题 33

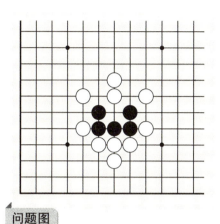

问题图

黑先。本题的棋形在实战中几乎不可能出现，这是为了考察计算能力，供大家参考。请问本题中黑棋的正确下法是什么？在解题时，一定要牢记"两边同形走中央"的格言。

问题 34

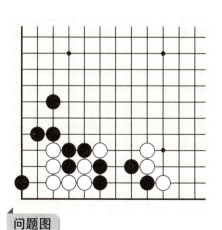

问题图

黑先。下边的黑四子存在逃跑的手筋，但在逃跑时，要注意不能伤及周边的黑棋。那么请问黑棋应如何下？

问题33解说

图1 正解

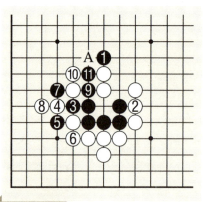

图1 正解

黑1是"两边同形走中央"的急所,白棋不得不在一侧连接,黑3以下进行至黑11,黑棋可以轻松出头,而白棋在A位断不能成立。

图2 失败

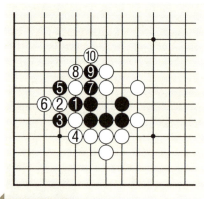

图2 失败

黑1冲不能成立,白棋看似到处都是断点,但问题并非如此简单。

图3 失败继续

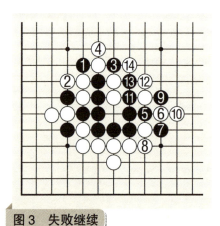

图3 失败继续

黑1打吃,以下进行至黑13,黑棋看似吃住白二子,但白14可以倒扑吃黑棋。

问题 34 解说

图 1　正解

黑1打吃，白2时，黑3、5冲是这一棋形的常用手筋。白6挺出，黑7虎，结果黑棋成功逃跑，角上白棋也自动死掉。

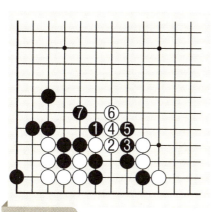

图 1　正解

图 2　失败 1

黑1打吃是大恶手，白2时，黑3必须补棋，白4挡后，黑五子被吃。

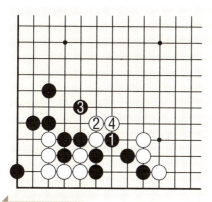

图 2　失败 1

图 3　失败 2

黑1飞，白2长，其后黑须补A位断点，但以下白B、黑C、白D，黑棋不行。

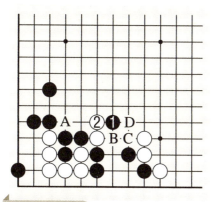

图 3　失败 2

问题 35

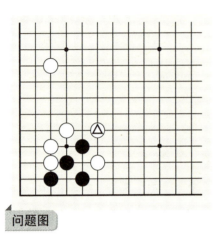

问题图

黑先。白△虚封，试图封锁黑棋，实际却是俗手。那么请问黑棋应如何下？

问题 36

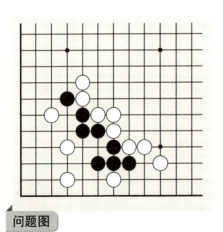

问题图

黑先。本问题是黑棋大龙如何才能冲出包围圈。正确的下法是利用对方的弱点向外冲。那么请问黑棋正确的下法是什么？

问题 35 解说

图 1 正解

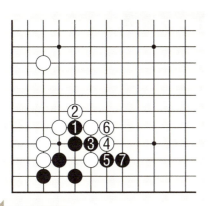

图 1 正解

黑 1、3 首先制造断点，然后黑 5 断，白 6 须补棋，黑 7 则长。黑棋保留打吃的权利，直接于黑 5 断是非常重要的次序，大家应该注意。

图 2 失败 1

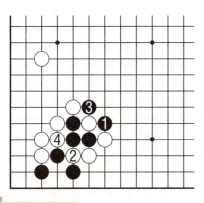

图 2 失败 1

黑 1 先打吃，白 2 反打非常严厉，黑棋大损。这正是正解中黑棋保留打吃的理由。

图 3 失败 2

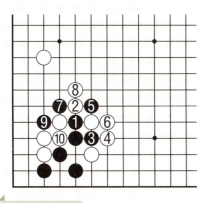

图 3 失败 2

黑 1、3 冲，白 4 时，黑 5 如果打吃，白 6 连接，以下黑 7、9 虽竭尽全力，但白 10 打后，黑棋已无法应。

问题 36 解说

图 1 正解

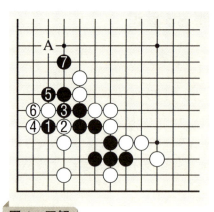

图 1 正解

黑 1 跨是手筋，白 2、4 时，黑 5 打吃先手，接着下黑 7 或黑 A，黑棋成功出头。

图 2 变化

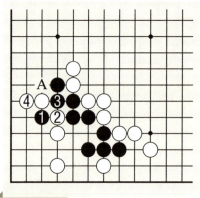

图 2 变化

黑 1、3 时，白 2、4 谋求变化，但由于黑 A 是先手，结果与正解相同。

图 3 失败

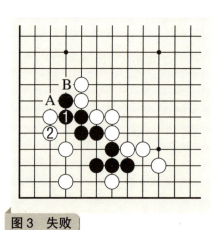

图 3 失败

黑 1 单接，白 2 联络，黑棋缺少妙味。以后不论黑棋下在 A 位还是 B 位都不好。

问题 37

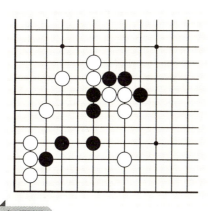

问题图

黑先。本题中的黑棋只有一手棋可以确保成功。如果能下对第一手棋，其后不论对手如何变化，黑棋都不坏。那么请问黑棋正确的下法是什么？

问题 38

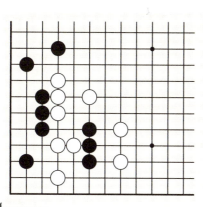

问题图

黑先。本题中黑棋应咬住对方的弱点不放，以漂亮的姿态向中腹出头。黑棋正确的下法是什么？

问题 37 解说

图 1　正解

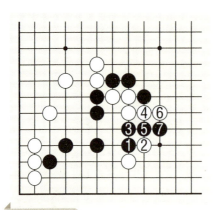

图 1　正解

黑 1 靠是解决问题的唯一手筋，白 2 如果扳，黑 3 以下至黑 7，黑棋可将白棋一分为二。

图 2　变化

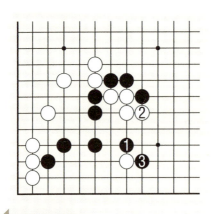

图 2　变化

黑 1 时，白 2 如果拐出，则黑 3 扳，黑棋已很充分。

图 3　失败

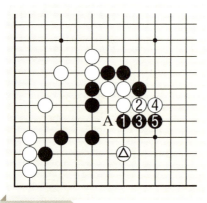

图 3　失败

黑 1 靠出头，但以下进行至黑 5，黑棋不能有效控制白△一子，而白棋于 A 位扳将成为黑棋很大的负担。

问题 38 解说

图 1 正解

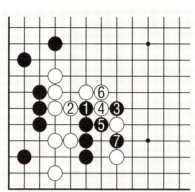

图 1 正解

黑1顶,瞄着对方的弱点,并伺机向中腹出头。白2时,黑3靠很好,其后白4、6时,黑5、7打吃,黑棋成功出头。

图 2 变化

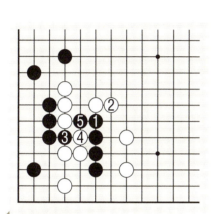

图 2 变化

黑1顶时,白2执意封锁黑棋无理。黑3、5切断后,黑棋将在对攻中取胜。

图 3 失败

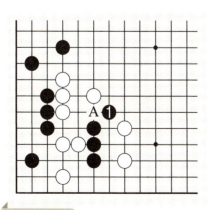

图 3 失败

如果是实战,黑棋很可能下出黑1尖,而白A顶却是先手,黑棋将被迫下成愚形,而且以后还不好下。

问题 39

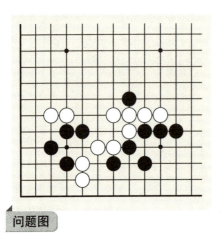

问题图

黑先。在实战中,黑棋眼看向中腹出头无望,只好在角上做活,但这是致命的屈服。那么请问黑棋正确的出头方法是什么?

问题 40

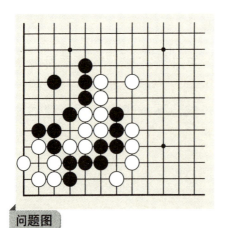

问题图

黑先。大块黑棋被包围,形势非常危急。那么请问黑棋向中腹出头的最佳下法是什么?

问题 39 解说

图 1　正解

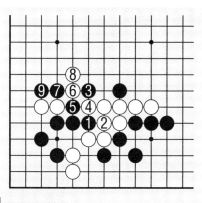

图 1　正解

黑 1 先与白 2 交换，然后黑 3 跳是大家并不难考虑到的。其后白 4、6 如果强行切断，黑 7 先手打后，黑棋可以吃住白二子。

图 2　失败 1

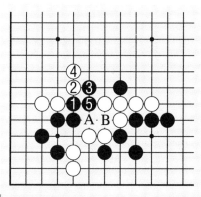

图 2　失败 1

黑 1、3 是最笨拙的出头方法，至黑 5，黑棋的棋形犹如一串葡萄，过于壅塞。以后黑 A 与白 B 则是毫无意义的交换。

图 3　失败 2

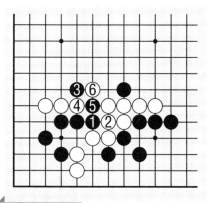

图 3　失败 2

黑 1 与白 2 交换后，黑 3 跳方向错误，此时白 4、6 可切断，黑棋将非常困难。

问题 40 解说

图 1 正解

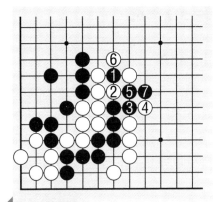

图1 正解

黑1挖利用弃子是正确下法，白2如果打吃，黑3又是很好的次序。白4挡时，黑5是先手，至黑7，黑棋成功地向中腹出头。

图 2 变化

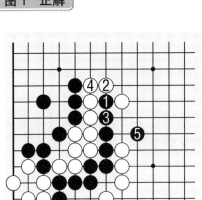

图2 变化

黑1挖时，白2如果打吃，黑3连接很好，白4须补棋，黑5则跳出。

图 3 失败

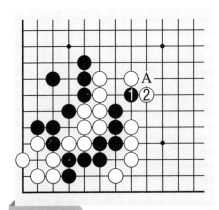

图3 失败

黑1尖顶虽是很容易考虑到的，但白2扳后，黑棋难受。白2即使下A位，黑棋也很困难。

问题 41

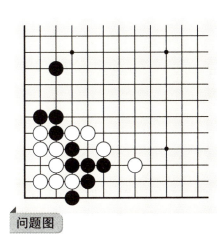

问题图

黑先。如果是实战，黑棋很可能利用充去黑五子，从而寻求补偿。但实际上黑棋却有救活黑五子的手筋。那么请问黑棋的正确下法是什么？

问题 42

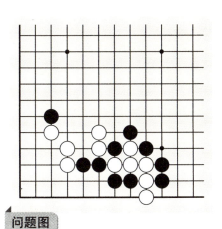

问题图

黑先。黑棋如果立即连接一子，白棋则可打吃后再征吃黑三子。因此黑棋应寻求巧妙引征的手筋。那么请问黑棋正确的下法是什么？

问题 41 解说

图 1 正解

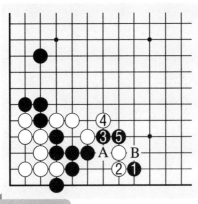

图 1 正解

黑 1 在二路点是大家不易考虑到的手筋。白 2 如果执意切断，黑 3 扳则是次序，以下白 4、黑 5，黑棋成功出头。以后白 A 时，黑 B 应即可。

图 2 变化

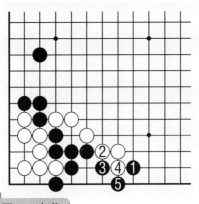

图 2 变化

黑 1 时，白 2、4 如寻求变化，黑 3、5 则可渡过。由于白棋自身存在弱点，很难对黑棋发起有效的攻击。

图 3 失败

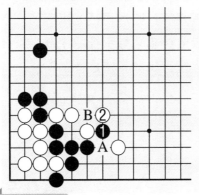

图 3 失败

黑 1 直接扳，其意图是白 A 时，黑 B 打吃，从而可以突破白棋的包围网。但白 2 后，黑棋不行。

问题 42 解说

图 1 正解

黑 1 时，白 2 如果提子，则黑 3 连接，黑棋可成功出头。

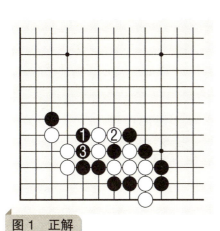

图 1 正解

图 2 变化

黑 1 时，白 2 如果切断，黑 3 连接则可以成立。其后白 4、6 时，由于有黑 1 的存在，白棋的征子不能成立。

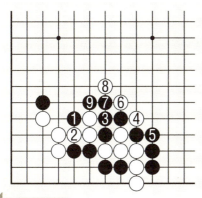

图 2 变化

图 3 失败

黑 1 时，白 2、4 打吃，黑棋难逃被征的命运。

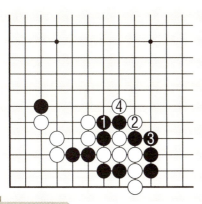

图 3 失败

第3章
官子

问题 43 ▶▶

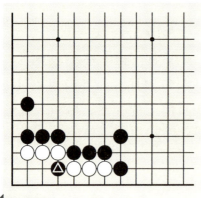

问题图

黑先。从常理上分析，黑❶一子肯定是死子。但黑棋若下法得当，却可以获利。请问黑棋正确的官子手筋是什么？

问题 44 ▶▶

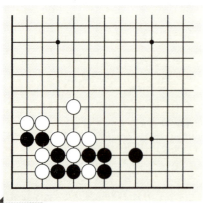

问题图

黑先。黑棋由于本身存在弱点，因而在下棋时会有所顾忌。但由于角的特殊性，黑棋有机会获利。那么请问黑棋正确的官子手筋是什么？

问题 43 解说

图 1 正解

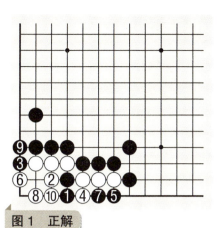

图 1 正解

黑 1 下立是头绪，白 2 被迫挡时，黑 3 扳是很好的次序。其后白 4、黑 5，白棋不敢提黑二子。以下进行至白 10，白棋只好委屈地在角上做活。

图 2 变化

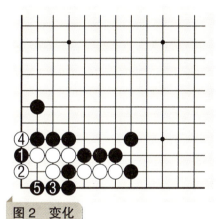

图 2 变化

在正解进行中黑 1 时，白 2 挡是大恶手，黑 3、5 后，整块白棋都不活。

图 3 失败

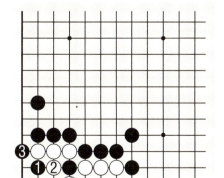

图 3 失败

实战中黑 1 夹来收官的可能性很大，白 2 时，黑 3 渡过。黑棋如果仅仅满足这一进行，令人遗憾。

问题 44 解说

图 1 正解

黑 1 点是手筋,白 2 如果切断,黑 3、5 可以做劫。由此可见角上确实是容易出棋的地方。

图 1 正解

图 2 变化

黑 1 点时,白 2 先手打后,白 4 挡,其后黑 5 扳,至黑 7 告一段落,这是普通的进行。

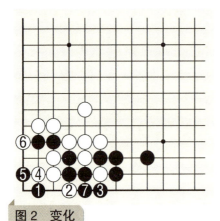

图 2 变化

图 3 失败

如果是实战,黑棋暂时不下,则白 1 打,黑 2 提,仅此而已。

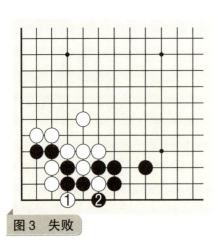

图 3 失败

问题 45

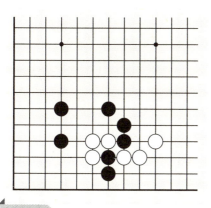

问题图

黑先。黑二子虽不可能救活，但黑棋可以利用弃子，将外围下厚，从而弥补损失。那么请问黑棋正确的收官方法是什么？

问题 46

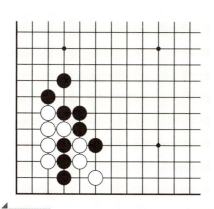

问题图

黑先。黑棋如何利用被吃住的黑三子而有所收获？黑棋应谋求先手处理两侧的方法。那么请问黑棋正确的官子手筋是什么？

问题 45 解说

图 1 正解

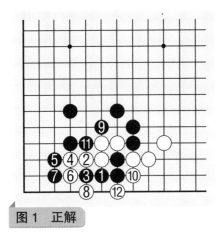

图 1 正解

黑 1、3 利用弃子是正确的，白 2、4 不得不应，黑 5 扳，以下进行至白 12，黑棋不仅将角下实，而且还可封锁白棋，黑棋可行。

图 2 失败 1

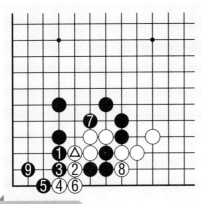

在正解的进行中，白△时，黑 1 挡过软，白 2 以下至黑 9，黑棋在目数上虽有一些收获，但白棋却得到了宝贵的先手，黑不满。

图 3 失败 2

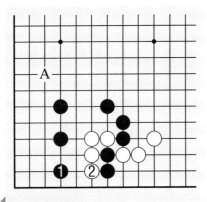

图 3 失败 2

黑 1 单跳，不能令人满意。白 2 挡后，白棋可以瞄准黑角上的弱点，以后白 A 逼非常严厉。

问题 46 解说

图 1 正解

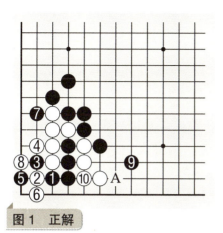

图 1 正解

黑 1 拐，其后黑 3 断是正确的次序。白 4 时，黑 5 扳巧妙，白 6 为避免打劫只好下立，黑 7 扳是先手。以下进行至白 10，黑棋两侧得利。其中黑 9 也可下在 A 位靠。

图 2 变化

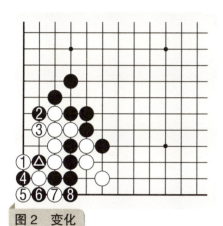

图 2 变化

黑▲断时，白 1 打吃，黑 2 扳依然具有效力。而白 3、黑 4 以下进行至黑 8，打劫已成为白棋的巨大负担。

图 3 失败

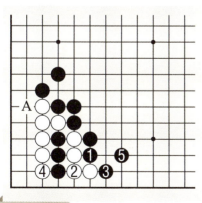

图 3 失败

黑 1 打吃后，黑 3、5 整形是平常的下法。但 A 位扳已不是先手，这是差别所在。

问题 47

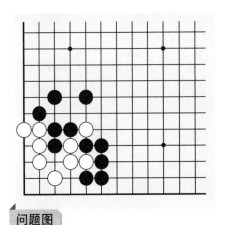

问题图

黑先。黑棋如果认为不管如何下都行,那将大错特错了。黑行棋次序如何,其结果将大不相同。那么请问黑棋的正确的官子手筋是什么?

问题 48

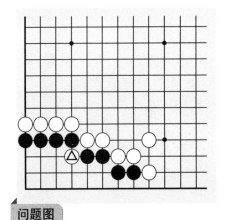

问题图

黑先。白△断时,黑棋从心情上欲立即打吃白一子,但那是错误的。那么请问黑棋正确的处理方法是什么?

问题 47 解说

图 1 正解

黑 1 点问白棋的应手，白 2 挡时，黑 3、5 可以打拔白三子。

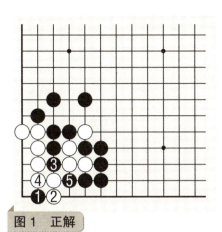

图 1 正解

图 2 变化

黑 1 时，白 2 顶是最顽强的抵抗。黑 3、5 时，白 6、8 打吃，看似可以吃住黑四子，但至黑 11，黑棋可以利用角的特殊性与白棋打劫，黑棋还是无忧劫。

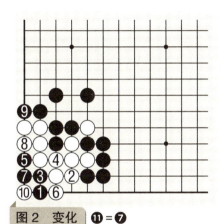

图 2 变化　❶=❼

图 3 次序错误

黑 1 与白 2 交换后再黑 3 点，次序错误。白 4 挡后，黑已无棋可下。

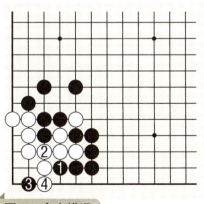

图 3 次序错误

问题 48 解说

图 1 正解

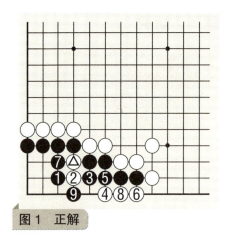

图 1 正解

黑 1 是不使白△子发挥作用的唯一下法，白 2 如果长，黑 3 挡，黑空并无毛病。但黑棋必须忍受白 4 以下至白 8 的先手。

图 2 失败 1

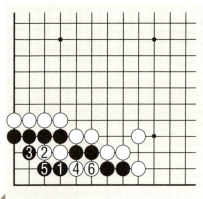

黑 1 打吃是大恶手，白 2 长，黑 3 时，白 4、6 断打可以成立。

图 3 失败 2

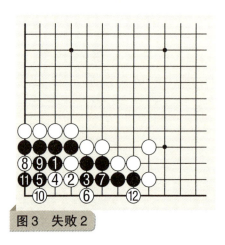

图 3 失败 2

黑 1 打吃更坏，白 2 长以下至白 12，黑棋整体被杀。这是因为黑棋两侧都不入气。

问题 49

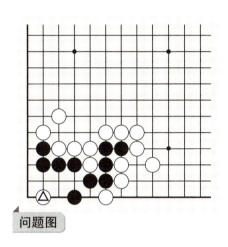

问题图

黑先。白△点时，黑棋应该为自己的生死进行考虑，但官子也要考虑在内。那么请问黑棋正确的处理方法是什么？

问题 50

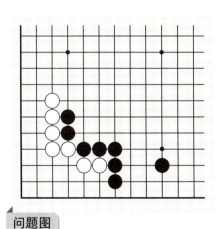

问题图

黑先。黑棋可以先手收官的方法很多，但可以最大限度地压缩白棋的方法却只有一种。而对白棋断点的利用如何，又是成败的关键。那么请问黑棋正确的官子手筋是什么？

问题 49 解说

图 1　正解

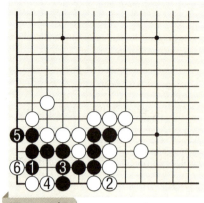

图 1　正解

黑 1 顶是正确的，白 2 时，黑 3 连接又非常重要，白 4、6 后，黑棋可以先手下成双活。双活也是活棋的一种形式。

图 2　失败 1

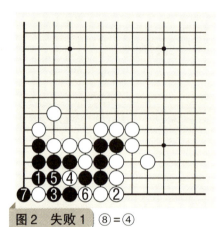

图 2　失败 1　⑧=④

黑 1、白 2 时，黑 3 顶是普通的应法，但在本题由于黑五子被吃，黑棋失败。

图 3　失败 2

图 3　失败 2

黑 1 顶同样不能令人满意，白 2 连接，黑 3、白 4 进行后，结果与图 2 相同。

问题50 解说

图1 正解

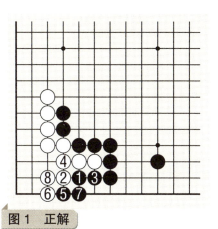

图1 正解

黑1夹是正确的下法，白2挡时，黑3先手打很舒服，白4只好连接，黑5、7扳接，黑棋可以最大限度地压缩白阵。

图2 失败1

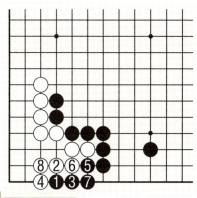

黑1大飞，白2以下进行至黑8是常用的次序，但与正解相比，黑损2目。

图3 失败2

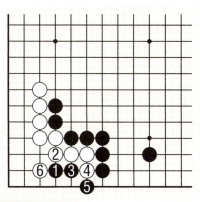

黑1过贪，白2连接，黑3、5必须联络，至白6，黑棋为救回二子还须后手补。

问题 51 ▶▶

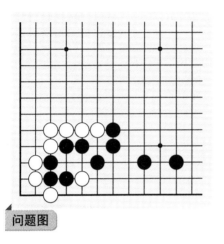

问题图

黑先。黑棋要切断白一子很困难,因此黑棋在什么位置确立警戒线是关键。那么请问黑棋正确的处理方法是什么?有时最平常的下法反而是最好的。

问题 52 ▶▶

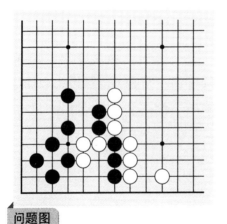

问题图

黑先。黑棋吃住白三子并不难,问题是黑棋如何补棋最为有利。正确的官子手筋是什么?

问题51解说

图1 正解

黑1挡虽是平常的下法，却是最正确的。至黑5补棋，以后黑棋占据A位的可能性很大。

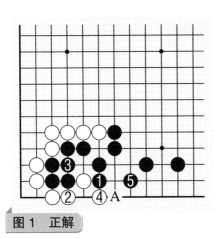

图1 正解

图2 失败1

黑1执意切断无理，白2冲后，黑四子被吃。

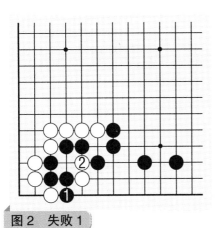

图2 失败1

图3 失败2

黑1不能令人满意，白2先手打后，白棋有在A位跳做劫的手段。

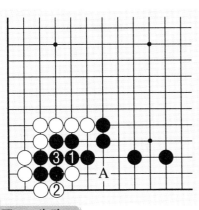

图3 失败2

问题52 解说

图1 正解

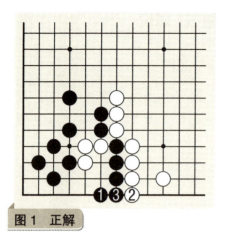

图1 正解

黑1尖是官子的手筋,白2时,黑3团住即可。以后黑棋已无必要补棋,这是黑1尖的作用。

图2 变化

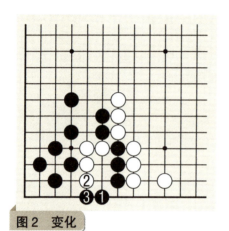

图2 变化

黑1时,白2如果反抗,黑3爬后,白棋已无棋可下。如此白棋只是自损劫材。

图3 失败

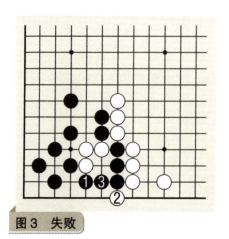

图3 失败

实战中黑棋很容易下成黑1虎,但白2可以先手扳,黑棋痛苦。

问题 53 ▶

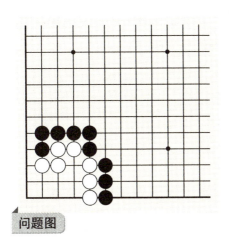

黑先。一眼就能看出白棋的棋形还不完整,那么请问黑棋怎样下才能将白空限定在 2 目棋?正确答案有两个。

问题图

问题 54 ▶

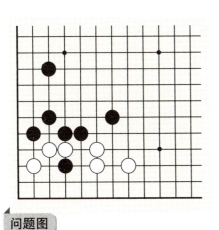

黑先。黑棋如何追攻白棋的弱点从而获取最大的官子利益?大家在解题中可以充分体会到角上变化多端。

问题图

问题53解说

图1 正解1

黑1点是手筋，白2是最佳应手，黑3以下进行至白6，黑棋将白空限定在2目棋。

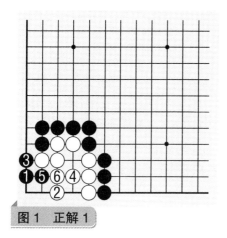

图1 正解1

图2 变化

黑1时，白2切断无理，以下进行至黑7，双方下成打劫。

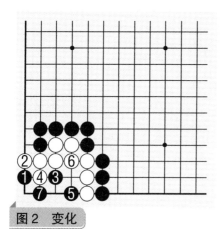

图2 变化

图3 正解2

黑1夹的下法也可以成立，以下进行至白6，结果与正解相同。

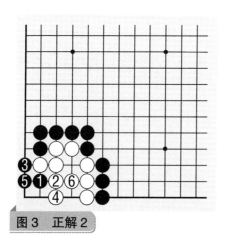

图3 正解2

问题 54 解说

图 1 正解

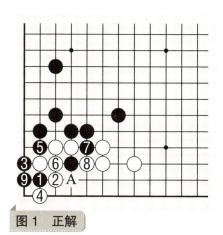

图 1 正解

黑 1 靠是头绪，白 2 时，黑 3 扳是连贯的攻击方法，以下进行至黑 9，黑棋大幅度压缩白空，而以后白棋还须在 A 位补一手棋。

图 2 变化

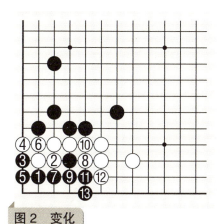

图 2 变化

黑 1 时，白 2 如果后退，黑 3、5 扳接是很好的次序，以下进行至黑 13，黑棋可以在狭小的空间内做活。

图 3 失败

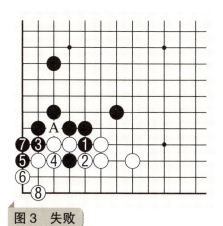

图 3 失败

黑 1、3 缺少妙味，以下进行至白 8，黑棋虽是先手，但实际意义不大。以后白 A 时，黑棋有必要补一手棋。

问题 55

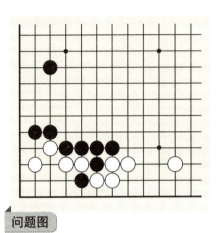

问题图

黑先。黑棋不论从哪一侧打吃白棋，后果都不会太好。那么请问黑棋正确的官子手筋是什么？第一手棋是关键。

问题 56

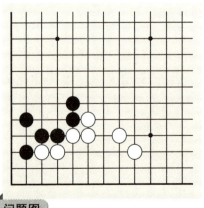

问题图

黑先。本题中黑棋收官有两种方法，即二路下立和扳接。那么请问其差别是什么？

问题 55 解说

图 1 正解

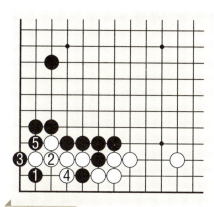

图 1 正解

黑 1 靠是手筋，白 2 如果连接，黑 3 扳是连贯的好棋，白 4 必须打吃，黑 5 渡过，黑棋成果很大。

图 2 变化

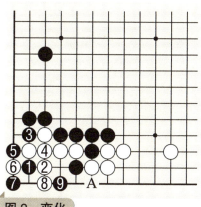

图 2 变化

黑 1 时，白 2 如果挡，黑 3 先手打后，黑 5 渡过，以下进行至黑 9，白棋必须下 A 位防黑做劫。

图 3 失败

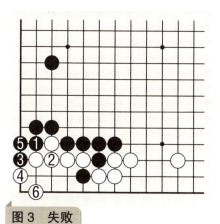

图 3 失败

黑 1 先手打吃缺乏进取心，其后黑 3、5 虽是先手，但黑棋成效不大。

问题56 解说

图1 正解

　　黑1下立是正确的，其后白2应，黑棋可以先手占便宜。

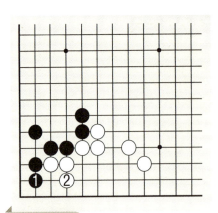

图1 正解

图2 变化

　　黑▲时，白棋如果脱先，黑1夹是好棋，以下至白8是双方的必然进行。

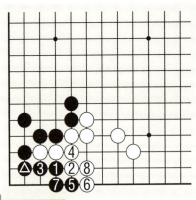

图2 变化

图3 失败

　　黑1、3扳接略有不满，以后黑A至白F虽是黑棋的权利，但与图2相比，黑损2目。

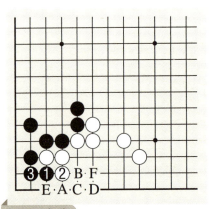

图3 失败

问题 57

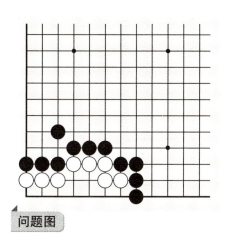

问题图

黑先。下棋时过分依靠感觉，很可能得不到期望的结果。那么请问黑棋正确的官子手筋是什么？

问题 58

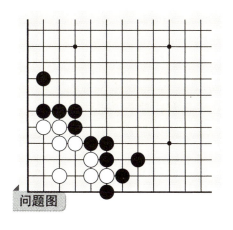

问题图

黑先。黑棋在仅存在小官子的形势下，却有绝妙的收官手段。那么请问黑棋的正确下法是什么？其中次序十分重要。

问题 57 解说

图 1 　正解

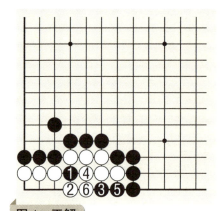

图 1　正解

黑 1 断是手筋，白 2 打吃时，黑 3、5 先手利用很舒服，白棋没有任何反击的机会。

图 2 　失败 1

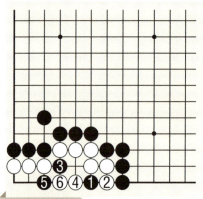

图 2　失败 1

黑 1 是过于依靠感觉的下法，白 2 切断后，黑棋大损。其后黑 3 即使断，白 4 只需提子，黑棋已下不出棋来。

图 3 　失败 2

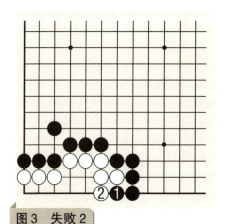

图 3　失败 2

实战中黑棋很可能下出黑 1 拐的着法，但白 2 拐后，白棋可得 7 目，与正解相比，黑损 2 目。

问题 58 解说

图 1 正解

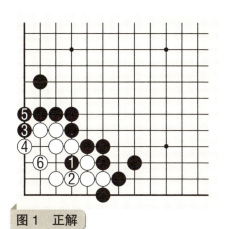

图 1 正解

黑 1 断问白棋的应手是非常有意思的下法，白 2 如果连接，黑 3、5 扳接是很舒服的先手便宜。

图 2 变化

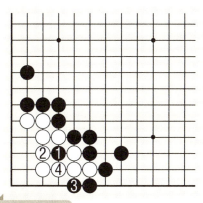

图 2 变化

黑 1 断时，白 2 如果打吃，黑 3 先手打吃很舒服。由此可以充分感受到黑 1 断的作用。

图 3 失败

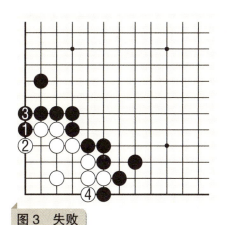

图 3 失败

黑 1、3 扳接次序错误，白 4 挡后，黑棋再也没有可利用的机会。

问题 59

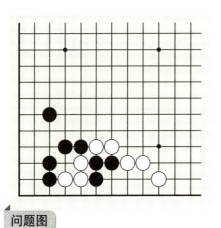

问题图

黑先。黑三子已肯定不能救活，但黑棋如何利用弃子在目数上差别很大。那么请问黑棋正确的官子手筋是什么？

问题 60

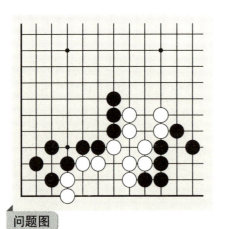

问题图

黑先。本题中黑棋的急所应该说很明显，占领要点后，可以瞄着倒扑的手段。请问黑棋正确的官子手筋是什么？

问题 59 解说

图 1　正解

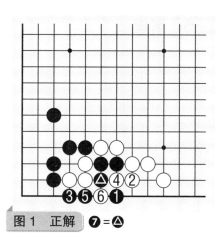

图 1　正解　❼ = △

黑 1 尖是绝妙的手筋，白 2 无奈只好紧气，此时黑 3、5 渡过，以下进行至黑 7，黑棋收获不小。

图 2　变化

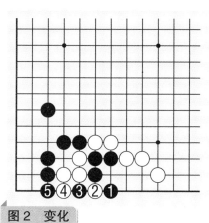

图 2　变化

黑 1 时，白 2 扑无理，以下进行至黑 5，双方下成打劫，白损。

图 3　失败

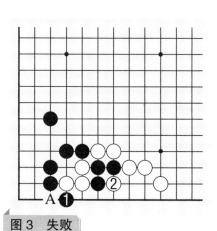

图 3　失败

黑 1 单扳，白 2 打吃后，黑棋没有占到便宜，以后至多是黑 A 先手连接。

问题60 解说

图1 正解

黑1点伺机渡过和倒扑，白棋为防止倒扑，而白2、4应，忍痛让黑棋渡过。以后A位是黑棋的先手。

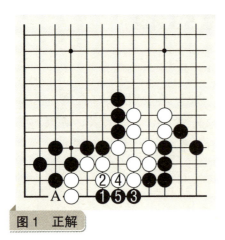
图1 正解

图2 变化

黑1点时，白2切断无理，黑3先手打后，黑5断，黑棋可以吃住白二子。

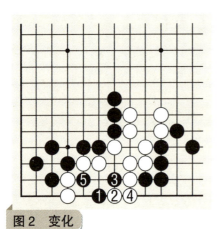
图2 变化

图3 失败

黑1、3扳接，除了具有先手官子的意味外，别无其他。以后白A冲、黑B挡定形。

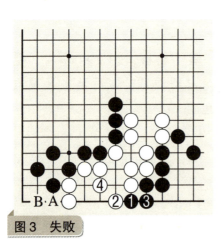
图3 失败

问题 61

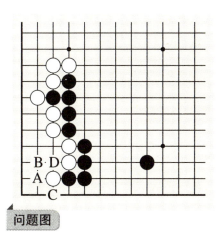

问题图

黑先。黑A夹，以下白B、黑C、白D，黑棋对此收官结果仍不能满意。那么请问黑棋正确的下法是什么？

问题 62

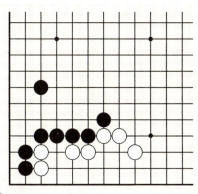

问题图

黑先。黑棋应在不被对方切断的前提下，最大限度地渗透到对方阵营。其唯一的方法是巧妙利用对方的弱点。那么请问黑棋正确的下法是什么？

问题 61 解说

图1 正解

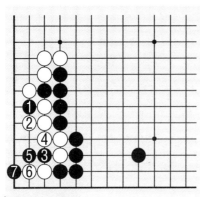

图1 正解

黑1断是手筋，白2时，黑3以下至黑7，黑棋可以利用白棋两侧不入气而吃住白二子。

图2 变化

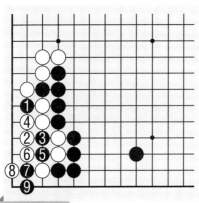

图2 变化

黑1时，白2如果尖，黑3是手筋，以下进行至黑9，结果与正解大同小异。

图3 失败

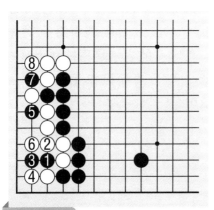

图3 失败

黑1如果断，白2以下进行至黑5，白6、8谋求变化的可能性很大。

问题 62 解说

图 1　正解

黑 1 渗透可以成立，白 2、4 只好后退，至黑 5，黑棋先手破白空。

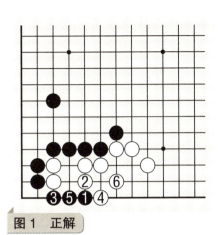

图 1　正解

图 2　变化

黑 1 时，白 2、4 如果执意切断，黑 5 断则是绝妙的下法，白 6 必须打吃，黑 7 也打，白棋的麻烦很大。

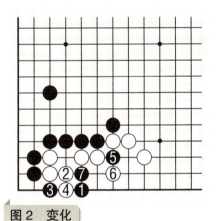

图 2　变化

图 3　失败

黑 1 扳，白 2 补棋，黑棋失败，与正解图相比，黑损 2 目。

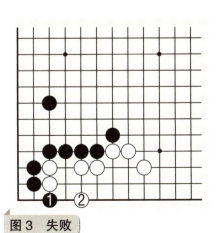

图 3　失败

第4章

做 活

问题 63 ▶▶

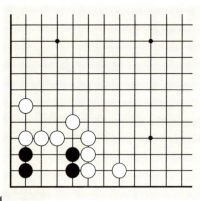

问题图

黑先。角上永远都存在急所，这是不争的事实。本题中黑棋如何左右各确保一眼？

问题 64 ▶▶

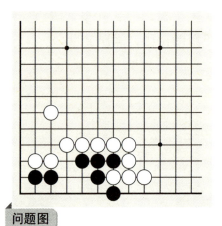

问题图

黑先。黑棋在本题中应确保活棋，其要点在哪里？对黑棋的要求并不高，仅仅两眼而已。

问题63 解说

图1 正解

黑1是急所,也是黑棋活棋的唯一要点。白2夹,黑3以下进行至黑7,黑棋可以吃白接不归。

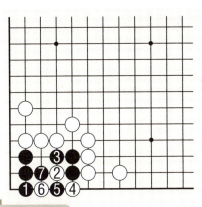

图1 正解

图2 失败1

黑1虽然同样是下立,却方向错误。白2、4、6是非常重要的次序,结果黑棋由于不入气而束手就擒。

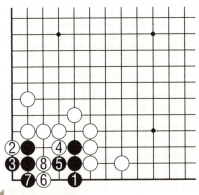

图2 失败1

图3 失败2

黑1挡无谋,白2以下至白8,黑棋难免一死。

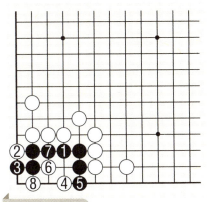

图3 失败2

问题 64 解说

图 1 正解

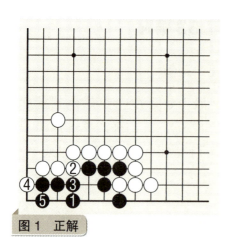

图 1 正解

黑 1 尖是要点，由此可以在左右各确保一眼。以下进行至黑 5，黑可确保活棋。

图 2 失败 1

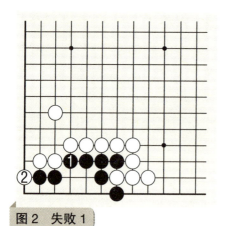

图 2 失败 1

黑 1 顶，扩展自己的生存空间，但白 2 简单一扳，黑即死。

图 3 失败 2

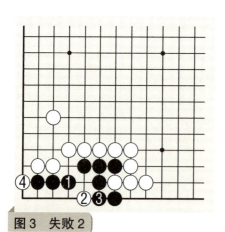

图 3 失败 2

黑 1 看似急所，但由于白有 2 位点的手段，结果黑棋不能活。

问题 65

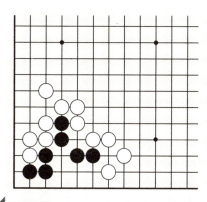

问题图

黑先。本题黑棋做活的要领与前一问题相同,第一手棋是成败的关键。那么请问黑棋的正确下法是什么?

问题 66

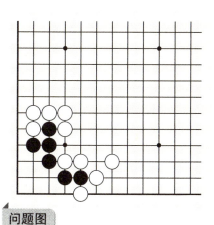

问题图

黑先。一子不舍的人是很难找到本题正确答案的,黑棋只有利用弃子才能做活。那么请问黑棋的正确下法是什么?

问题 65 解说

图 1 正解

黑 1 尖是做活的唯一要点，至黑 7，黑棋可以做活。

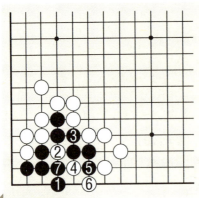

图 1 正解

图 2 失败 1

黑 1 挡，白 2 扳后，黑棋即死。

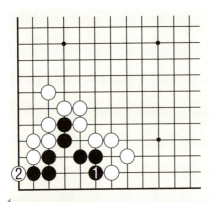

图 2 失败 1

图 3 失败 2

黑 1 跳虽看似棋形的急所，但白 2、4 后，黑棋活棋的空间不够。

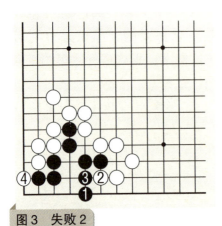

图 3 失败 2

问题 66 解说

图 1 正解

黑 1 虎是做活的前奏曲，白 2 时，黑 3 挡是好棋，至黑 5，可以确保活棋。

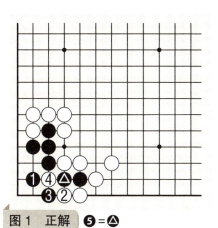

图 1 正解　❺=△

图 2 正解继续

白 1 点，以下至黑 8，黑棋安然无恙。

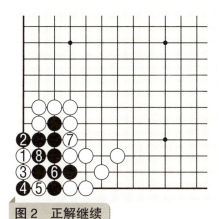

图 2 正解继续

图 3 失败

黑 1 看似棋形的急所，却不是问题的焦点。白 2 妙，黑 3 必须应，白 4 则先手立，至白 6 扳，黑棋不能活。

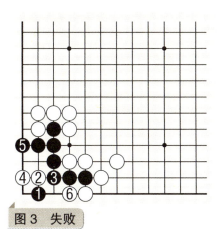

图 3 失败

问题 67

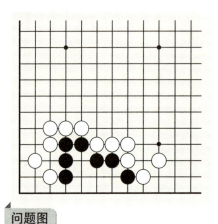

问题图

黑先。黑棋看起来好像已无法做活,其实只要下法正确,完全可以活棋。那么请问黑棋正确的下法是什么?

问题 68

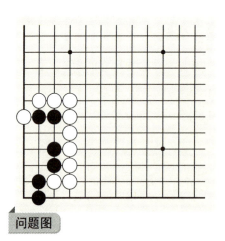

问题图

黑先。本题中黑棋生存的空间虽然不大,却可以轻松做活。那么请问黑棋正确的下法是什么?注意:轻率是大忌。

问题 67 解说

图 1　正解

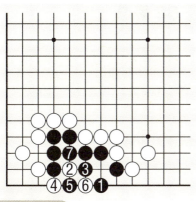

图 1　正解

黑 1 倒虎是确保活棋的手筋，白 2 攻击，黑 3 以下进行至黑 7，黑棋可以吃白接不归。

图 2　失败 1

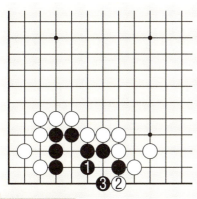

图 2　失败 1

如果在实战中，黑棋很可能会判断为打劫活。黑 1 虎，白 2、黑 3 后，初学者都会知道黑棋打劫活。

图 3　失败 2

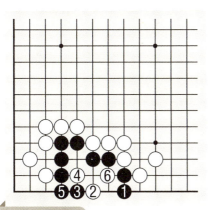

图 3　失败 2

黑 1 下立是大恶手，白 2 点击中要害，黑 3 阻渡，白 4、6 后，黑棋束手就擒。

问题 68 解说

图 1 正解

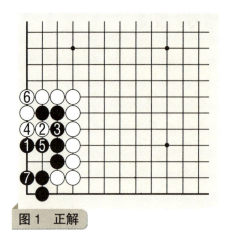

图 1 正解

黑 1 跳是做活的唯一方法，白 2 时，黑 3 连回二子，白 4 以下进行至黑 7，黑棋可围 3 目。

图 2 失败 1

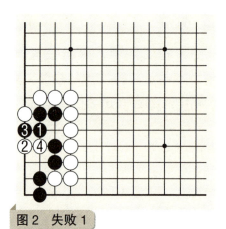

图 2 失败 1

黑 1 弯时，白 2 点是攻击的急所，其后黑 3 切断，白 4 打吃，结果黑棋不能活。

图 3 失败 2

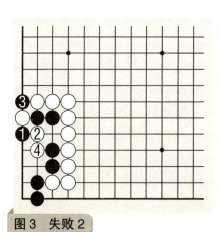

图 3 失败 2

黑 1 打吃缺少谋略，白 2 断打则是手筋，黑 3 提子，白 4 破眼，黑棋也不能活。

问题 69

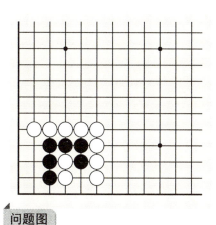

问题图

黑先。黑棋如果急于吃白二子，反而会适得其反。那么请问黑棋的正确下法是什么？

问题 70

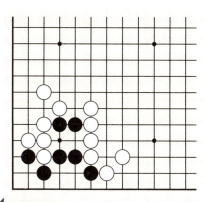

问题图

黑先。黑棋两侧都处于被打吃的危机中，很容易不知所措。不过黑棋在考虑问题时，该牺牲的一定要牺牲，只要大块活出就可以了。那么请问黑棋正确的下法是什么？

问题 69 解说

图 1　正解

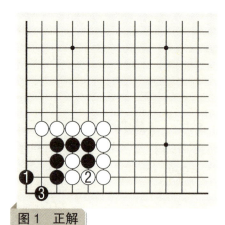

图 1　正解

黑 1 跳稳健，白 2 如果连接，黑 3 虎，黑棋可以活。

图 2　变化

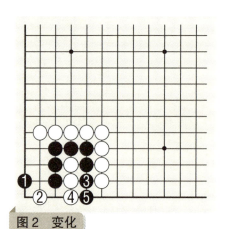

图 2　变化

黑 1 时，白 2 若点，此时黑 3 再打吃二子，以下白 4、黑 5，黑棋有很大的意外收获。

图 3　失败

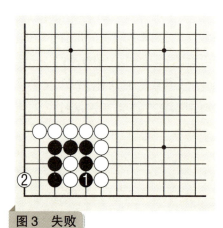

图 3　失败

黑 1 打吃操之过急，此所谓欲速则不达。白 2 大飞后，黑棋不能活。

问题 70 解说

图 1 正解 1

黑 1 虎正确，白 2 破眼时，黑 3 倒虎，即可以做活。其后白 4 时，黑 5 先手利用，黑 7 再做眼。

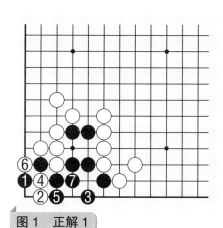

图 1 正解 1

图 2 正解 2

黑 1 下立在本题中也可以成立。以下进行至黑 9，黑棋可以利用弃去二子而做活，其要领与正解 1 相同。

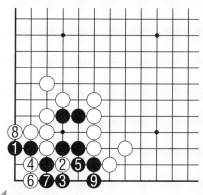

图 2 正解 2

图 3 失败

黑 1 虎，以下白 2、黑 3，双方必然下成打劫。黑棋的这一下法，只有在劫材丰富时才可考虑。

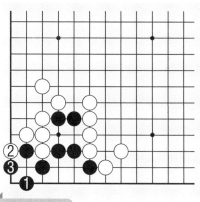

图 3 失败

问题 71

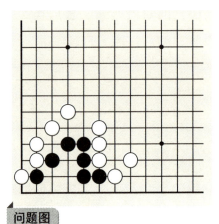

问题图

黑先。黑棋生存的空间虽然不大,但只要计算能力出色,仍可无条件活棋。那么请问黑棋的正确下法是什么?

问题 72

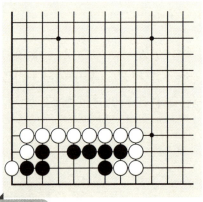

问题图

黑先。黑棋在本题中是选择扩展生存空间呢,还是抢占做活要点?请问黑棋的正确下法是什么?双活也是活棋的一种形式。

问题 71 解说

图 1 正解

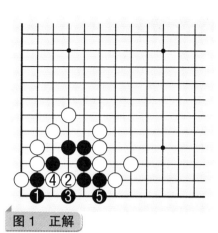

图 1 正解

黑 1 下立是唯一方法，白 2 点后，黑棋虽看似危险，但黑 3 扳，可转危为安。其后白 4 即使断，黑 5 也可无条件活棋。

图 2 失败 1

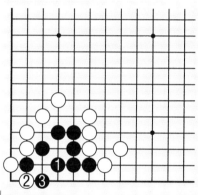

黑 1 做眼，只求劫活是低水平的构想，但这种劫对白棋来说，全然没有负担。

图 3 失败 2

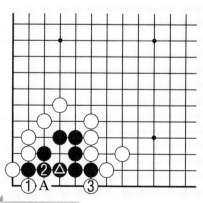

图 3 失败 2

黑 △ 时，黑 2 连接是最坏的选择，白 3 扳后，黑无条件死棋。其中白 3 如果下在 A 位，黑棋在 3 位下立后，黑棋可以活。

问题 72 解说

图 1 正解

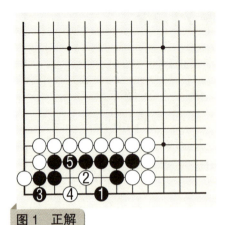
图1 正解

黑1倒尖是做活的出发点,白2如果点,黑3下立是好棋,其后白4破眼时,黑5挡,黑棋可以下成双活。

图 2 失败 1

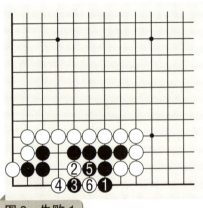
图2 失败1

黑1下立,被白2抢点急所后,黑棋以后不好下。其后黑3、5虽苦心应对,但至白6,黑棋只能下成劫活。

图 3 失败 2

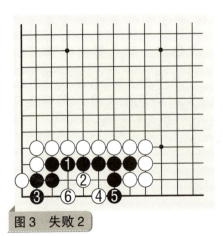
图3 失败2

黑1连接,白2点,其后黑3虽竭尽全力,但以下至白6,黑死。

问题 73

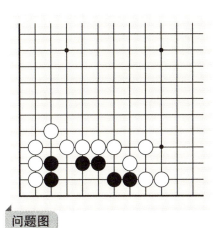

问题图

黑先。黑棋在本题中的选择余地不大，因此在下子时应慎之又慎。那么请问黑棋的正确下法是什么？

问题 74

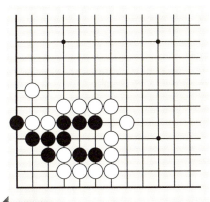

问题图

黑先。黑棋在右边可以后手做成一眼，现在的问题是黑棋能否先手在角上确保一眼。那么请问黑棋的正确下法是什么？

问题 73 解说

图 1 正解

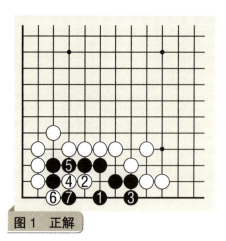

图 1 正解

黑 1 倒虎是做活的常用手法，白 2、4、6 渡过虽令人担心，但黑 7 扑，黑棋可以吃白接不归。

图 2 失败 1

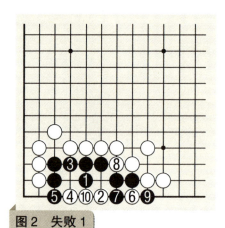

图 2 失败 1

黑 1 错误，白 2 犹如一把匕首直插黑棋的要害。以下黑棋虽竭尽全力，但进行至白 10，黑棋不能活。

图 3 失败 2

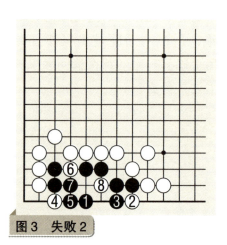

图 3 失败 2

黑 1 跳看似棋形的急所，却不是问题的焦点，白 2、4、6 压缩之后，黑死。

问题74解说

图1 正解

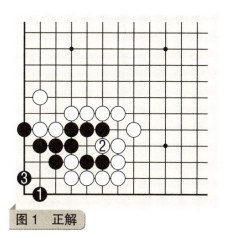

图1 正解

黑1占据角上的急所，是确保两眼活棋的手筋。白2破右边一眼时，黑3可以很出色地做活。

图2 失败1

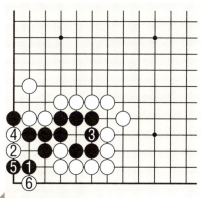

黑1时，白2点非常严厉，其后黑3虽可做成一眼，但以下进行至白6，黑棋不可能在角上做出第二只眼。

图3 失败2

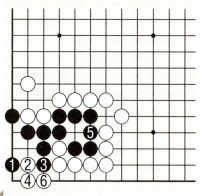

黑1虽看似急所，但方向错误。白2破眼，黑3虽试图做劫，但白4是好棋，黑棋的最后一丝希望也破灭了。

问题 75

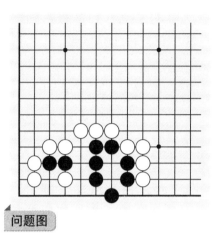

问题图

黑先。在本题中，黑棋只有该舍去的毫不犹豫地舍去，这样才能确保活棋。那么请问黑棋的正确下法是什么？黑棋如果下成打劫就意味着失败。

问题 76

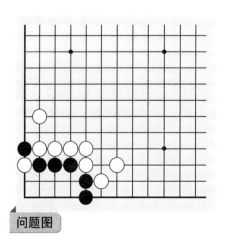

问题图

黑先。本题与其说是考察大家的计算能力，倒不如说更重要的是考察大家的感觉。那么请问黑棋正确的下法是什么？请一手棋解决问题。

问题 75 解说

图 1 正解

黑 1 冲是大家不易考虑到的妙手，白 2 时，黑 3 尖是正确次序，至黑 5，黑棋可以利用弃去三子而做活。

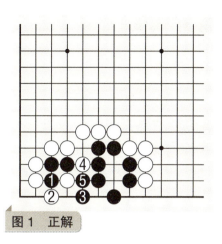

图 1 正解

图 2 变化

黑 1 时，白 2 如果打吃，黑 3 打是先手，然后黑 5 做第二只眼。

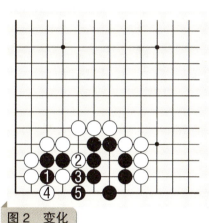

图 2 变化

图 3 失败

黑 1 顶，希望白棋在 3 位补棋，但白 2 扳极其顽强，至白 4，双方下成打劫。

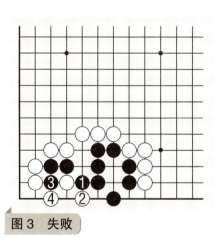

图 3 失败

问题 76 解说

图 1　正解

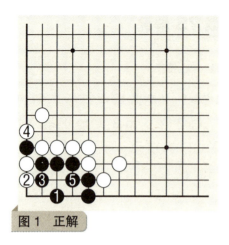
图 1　正解

黑 1 跳补是第一感觉，如果能下出这样的棋，则说明对棋形有了相当的了解。白 2 长，黑 3、5 应对，这是双方的最佳进行。

图 2　失败 1

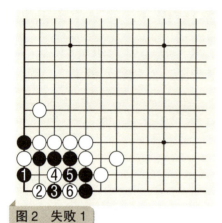
图 2　失败 1

黑 1 提缺少思考，白 2 是攻击的急所，黑 3、5 只好做劫。

图 3　失败 2

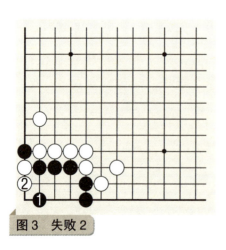
图 3　失败 2

黑 1 也像是急所，实际上却是大恶手。白 2 只需长入，黑棋已不活。

问题 77

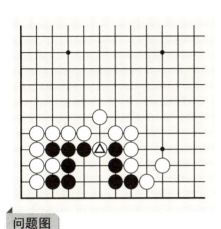

问题图

黑先。白△时,黑棋如果应对不好,将会出问题。对看似当然的一手多思考一下,有时可以将自己从危机中解脱出来。那么请问黑棋的正确下法是什么?

问题 78

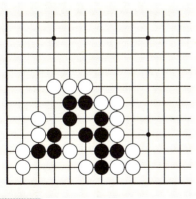

问题图

黑先。由于白棋有从两侧渡过的可能性,黑棋看似已不可能活,但实际上却有起死回生的手筋。那么请问黑棋的正确下法是什么?

问题 77 解说

图 1　正解

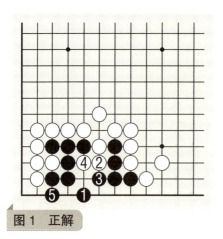

图1　正解

黑1是明智的选择，白2冲时，黑3挡又正确，其后白4冲时，黑5下立，黑棋已活。

图 2　失败 1

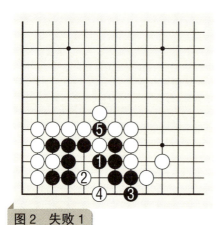

图2　失败1

黑1挡是很容易下出的，白2点则是急所，此时黑棋后悔已来不及。以下进行至黑5，黑棋只有寄希望于打劫活。

图 3　失败 2

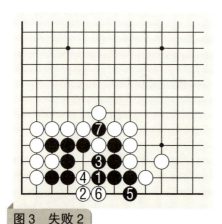

图3　失败2

黑1补是疑问手，白2点后，黑棋不好受。以下至黑7提劫，结果与图2相同。

问题 78 解说

图 1　正解

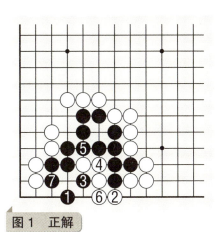

图 1　正解

黑 1 跳包含很多意义，白 2 渡过时，黑 3 则是准备好的手筋，白 4 必须连接，黑 5、7 可以做活。

图 2　失败 1

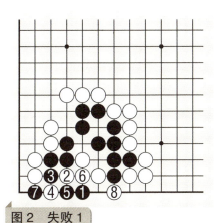

图 2　失败 1

黑 1 错误，白 2、4、6 先手，至白 8 渡过，黑整体已然必死。

图 3　失败 2

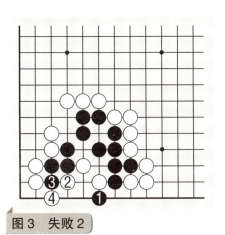

图 3　失败 2

黑 1 扳以阻止白棋从右侧渡过，但白 2、4 可从左侧渡过，黑棋已无力回天。

第5章

攻击与脱险

一、攻击

问题 79

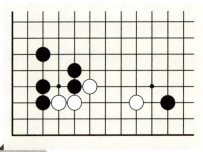

问题图

黑先。本题是实战中经常出现的棋形。黑棋应如何攻击白棋弱点以破白棋的根地？其正确下法是什么？

问题 80

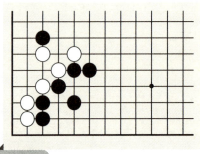

问题图

黑先。白棋的棋形看起来眼形很丰富，但实际上并非如此，黑棋仅用一手棋就可以使白棋整体变为浮棋。那么请问黑棋的正确下法是什么？

问题 79 解说

图 1　正解

黑 1 点是破白棋根地的手筋，白 2、4 阻止黑棋向中腹出头，至黑 5，黑棋可以安然联络。

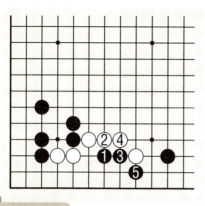

图 1　正解

图 2　失败

黑 1 夹虽然也是实战中经常出现的，但在本题中却不适用。以下进行至白 4，黑棋反让白棋走强。

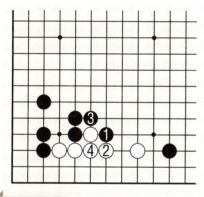

图 2　失败

图 3　变化

黑 1 时，白 2 如果连接，黑 3 顶则是准备好的强手。白 4 长时，黑 5 以下进行至黑 13，黑棋可以击垮白棋。

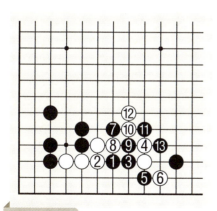

图 3　变化

问题 80 解说

图 1　正解

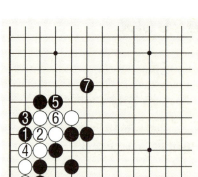

图1　正解

黑1刺极其严厉，白2、4、6被迫应对，至黑7，白棋愚形，缺乏根地。

图 2　失败 1

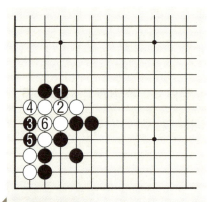

图2　失败1

黑1先与白2进行交换是大失误，其后黑3刺时，白4挡是强手，结果与正解相比，差别很大。

图 3　失败 2

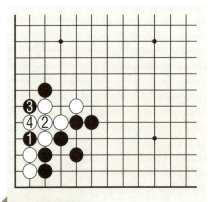

图3　失败2

黑1打吃同样毫无意义，以下进行至白4，黑棋的攻击不能奏效。

问题 81

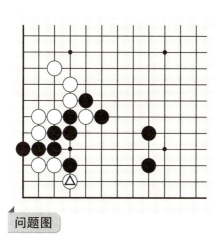

问题图

黑先。白△扳时,黑棋如果顾忌到自身的弱点而后退,则将一无所获。那么请问正确的下法是什么?

问题 82

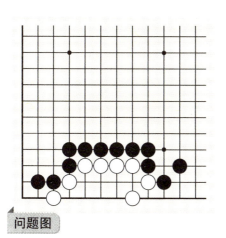

问题图

黑先。黑棋在本题中千万不能下成打劫,否则将意味着攻击失败。那么请问黑棋正确的攻击方法是什么?其中第一手棋是成败的关键。

问题 81 解说

图 1 正解

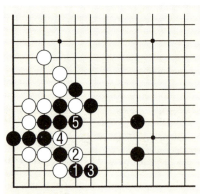

图 1 正解

黑1连扳极其严厉,白2只好打吃,黑3退,白4提子,黑5也提子,白成死棋。

图 2 失败 1

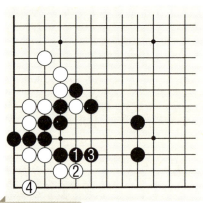

图 2 失败 1

黑1退是初级棋手的下法,白2、4后,黑棋毫无所获。

图 3 失败 2

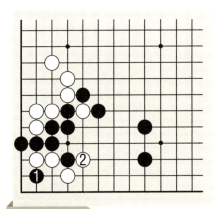

图 3 失败 2

黑1夹看似严厉,但白2打吃后,白棋已不是受攻的棋形。

问题 82 解说

图 1　正解

黑 1 是正确的攻击方法，白 2 被迫连接时，黑 3 再点，黑棋可以轻松杀掉白棋。

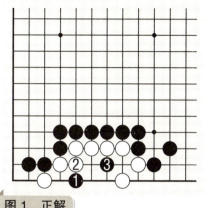

图 1　正解

图 2　失败 1

黑 1 打吃时，白 2 可以进行抵抗，双方下成打劫，白棋等于活了一半。

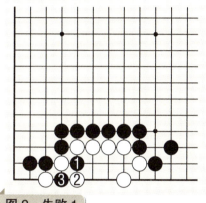

图 2　失败 1

图 3　失败 2

黑 1 点错误，白 2 是急所，黑 3 力图破眼，但至白 4，白棋可以活。

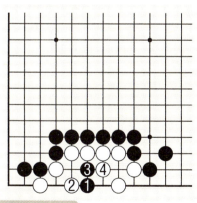

图 3　失败 2

问题83

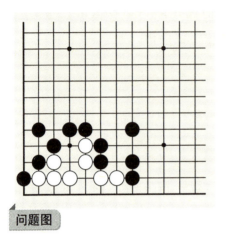

问题图

黑先。黑棋要吃住整块白棋，其方法只能是击中白棋的要害。那么请问黑棋的正确下法是什么？

问题84

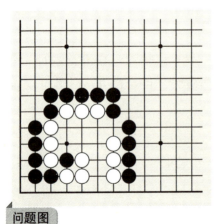

问题图

黑先。黑棋如何攻击才能将白棋全部吃住？如果能下对地方，白棋将自然崩溃。那么请问黑棋正确的下法是什么？

问题83 解说

图1 正解

黑1点是攻击的手筋，白2时，黑3绝妙，以下进行至黑7，白棋整体不能活。

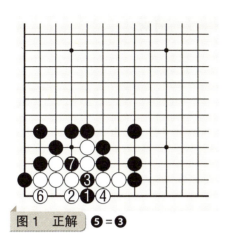

图1 正解　❺=❸

图2 失败1

黑1、白2时，黑3是极其错误的下法，而白4下立是稳健的好棋，至白6，白棋活得很大。

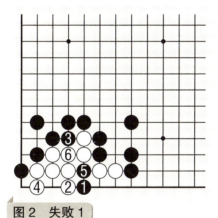

图2 失败1

图3 失败2

实战中黑棋很容易采取黑1破眼的下法，但此时白2是好手，至白4，白棋可以净活。

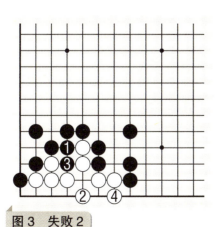

图3 失败2

问题84解说

图1 正解

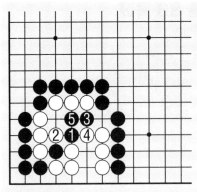

图1 正解

黑1是位于白三子中央的急所，如果白棋为避免倒扑，于白2提子，黑3联络即可，至黑5，白棋已无法活。

图2 变化

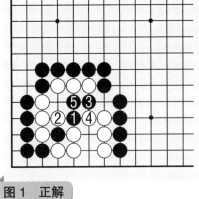

图2 变化

黑1时，白2如果连接，黑3扳即可将白棋逼入绝境。由于存在倒扑，白棋不能在A位断。

图3 失败

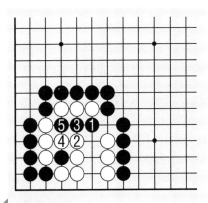

图3 失败

黑1扳是贪小失大的下法，白2、4后，白棋可以活。黑棋的收获只是吃住白三子。

问题 85

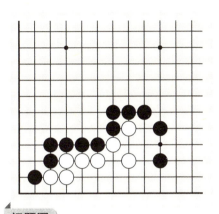

问题图

黑先。白棋形从外表看很坚强，但黑棋如果下得好，一手棋即可置白棋于死地。那么请问黑棋的正确下法是什么？

问题 86

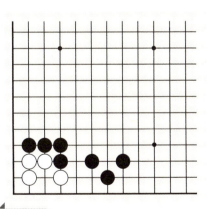

问题图

黑先。由于白棋形比较有弹性，黑棋因而不能无条件吃住白棋，能够下成打劫即是正解。那么请问黑棋应如何下？

问题85 解说

图1 正解

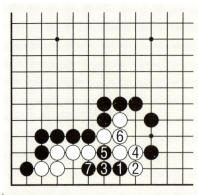

图1 正解

黑1托是攻击白棋弱点的手筋，白2如果扳，黑3长则是致命一击，至黑7，可以出色地完成任务。

图2 失败1

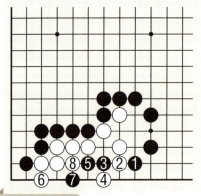

图2 失败1

如果是实战，很可能下成黑1尖，白2挡，黑3点，以下至白8，白棋可以净活。

图3 失败2

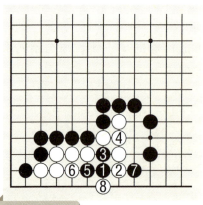

图3 失败2

黑1刺，被白2挡，其后黑3至白8，黑棋失败。

问题86 解说

图1 正解

黑1与白2先进行交换，然后黑3托是非常重要的次序，其后白4只好长，以下进行至黑7，结果双方下成打劫。

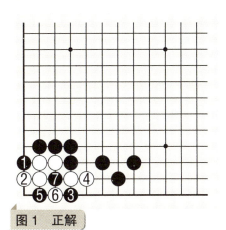

图1 正解

图2 变化

黑1托时，白2打吃是大恶手，黑3长后黑5断，白棋净死。

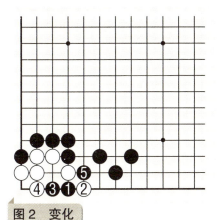

图2 变化

图3 失败

黑1点，白2挡后，黑棋明显失败。其后黑3、5虽竭尽全力，但至白6，白棋净活。

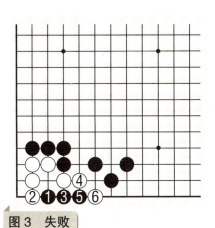

图3 失败

问题 87

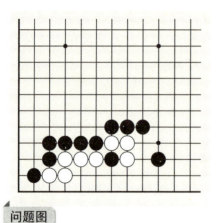

问题图

黑先。黑棋如果想逃出被打吃的一子,当然非常不利。黑棋完全可以利用这个子进行充分的战斗。那么请问黑棋的正确下法是什么?

问题 88

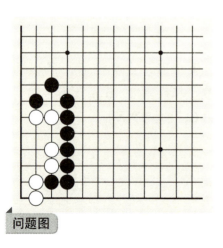

问题图

黑先。本题中黑棋可以点的地方有多处。那么请问黑棋的正确选择是什么?

问题87解说

图1　正解

黑1扳是攻击的手筋，白2被迫扳时，黑3连接，然后黑5挡，即可简单吃住全部白棋。

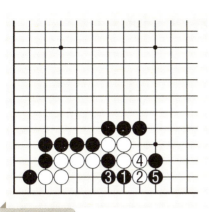

图1　正解

图2　失败1

黑1下立，被白2挡后，黑棋失败。

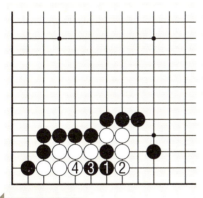

图2　失败1

图3　失败2

黑1尖是实战中很可能下出的，白2挡后，白棋安全了。

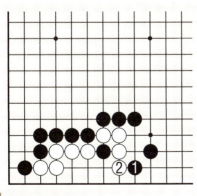

图3　失败2

问题88解说

图1 正解

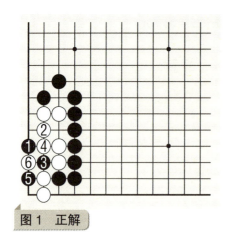

图1 正解

黑1点是急所,白2补时,黑3断是连贯的手段,以下进行至白6,白棋只能打劫活。

图2 变化

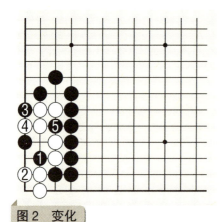

图2 变化

正解中黑1断时,白2如果做眼,黑3扳后,黑5打吃即可解决战斗。

图3 失败

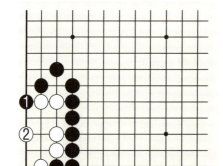

图3 失败

黑1扳,白2补棋,黑棋失败。

问题 89

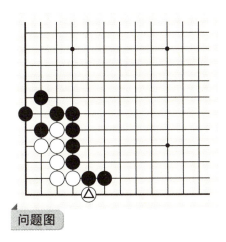

问题图

黑先。黑棋在本题中面临着两种选择，是从外侧压缩还是直接点进去？黑棋正确的下法是什么？黑棋在下棋时，应对白△一子特别留意。

问题 90

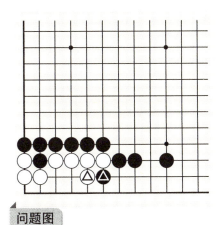

问题图

黑先。黑△扳时，白△挡。实战中黑棋很可能放弃攻击，而选择连接。那么请问黑棋正确的下法是什么？

问题 89 解说

图 1 正解

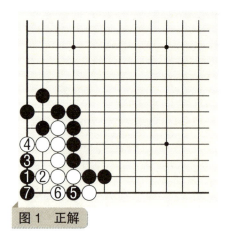
图 1 正解

黑 1 点是攻击要领，白 2 如果进行抵抗，黑 3 则先手与白 4 交换后，黑 5 扑，至黑 7，白死。

图 2 失败 1

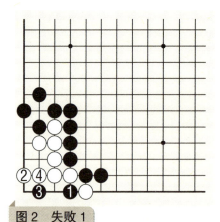
图 2 失败 1

黑 1 扑从右侧压缩，但白 2 是好棋，其后黑 3 点时，白棋在一路扳的一子此时发挥了作用，结果黑棋失败。

图 3 失败 2

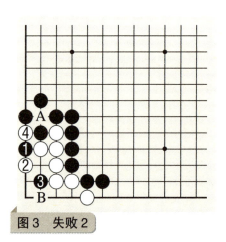
图 3 失败 2

黑 1 扳同样是错误的，以下进行至白 4，由于有 A 位和 B 位的手段，白棋并不那样轻易被歼。

问题 90 解说

图 1 正解

黑棋不受被打吃的影响,黑1点是冷静的攻击方法。黑3以下进行至黑7,黑棋可以巧妙利用白棋两侧不入气而吃住白棋。

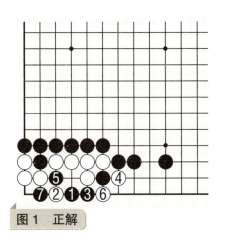

图 1 正解

图 2 变化

黑1点时,白2如果挡,黑3断可以成立,不能在A位打吃是白棋的痛苦。

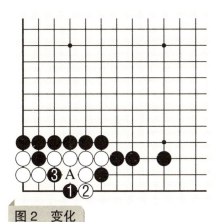

图 2 变化

图 3 失败

黑1扳看似是一般的行棋感觉,但白2以下进行至白6,黑棋仅仅吃角上白三子。

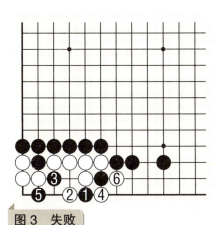

图 3 失败

问题 91

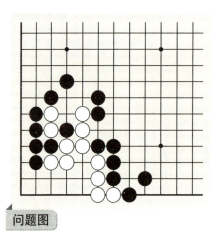

问题图

黑先。白棋在上方有一后手眼，因此黑棋不让白棋在下方先手做成一眼是关键。那么请问黑棋攻击的手筋是什么？

问题 92

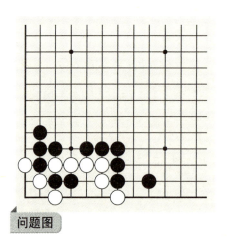

问题图

黑先。黑棋在本题中如何才能不给白棋任何机会，而干净利落地吃住白棋呢？如果能发现第一手棋，其后的进行将很简单。

问题 91 解说

图 1　正解

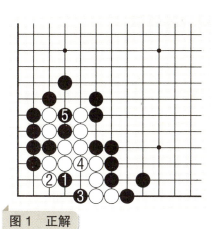

图 1　正解

黑 1 点是攻击的手筋，白 2 被迫挡时，黑 3 尖准备倒扑，至黑 5，白死。

图 2　失败 1

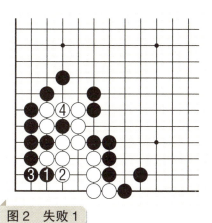

图 2　失败 1

黑 1、3 仅仅是一般的官子，至白 4，白活。

图 3　失败 2

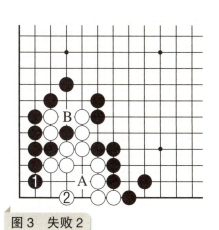

图 3　失败 2

黑 1 下立时，白 2 单跳是好棋，其后白棋在 A 位和 B 位中必居其一。

问题92 解说

图1 正解

黑1点是手筋,白棋丝毫没有反击的机会。白2时,黑3扑,白棋做不出两只眼。

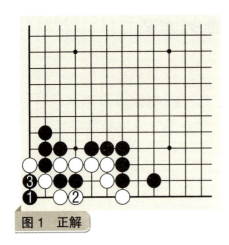

图1 正解

图2 变化

黑1点时,白2如果连接,黑3只需打吃,白棋便束手就擒。

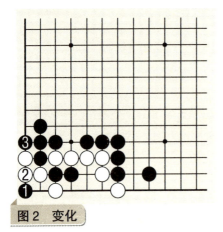

图2 变化

图3 失败

黑1如果打吃,白2做劫后,双方将下成打劫。

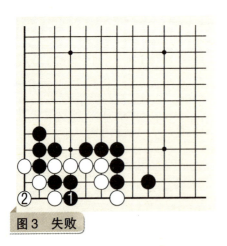

图3 失败

问题 93

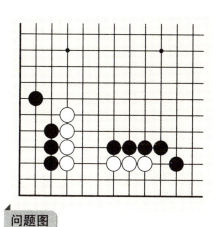

黑先。黑棋在本题中应如何下才能破白棋的根地，并攻击整块白棋？

问题图

问题 94

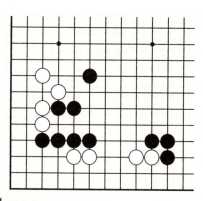

黑先。本题中黑棋有极其漂亮的手筋。那么请问黑棋的正确下法是什么？

问题图

问题93解说

图1 正解

黑1点是正确的攻击方法，白2如果切断，黑3扳后，黑5虎，可以吃住白棋三子。

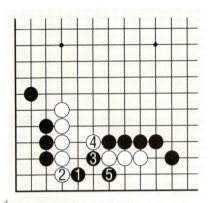

图1 正解

图2 变化

黑1点时，白2如果挡，黑3渡过是好棋，白4时，黑5先手与白6交换，白棋整体受攻。

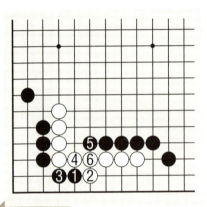

图2 变化

图3 失败

黑1点虽也是一种下法，但以下进行至白6，反而丰富了白棋的眼形。

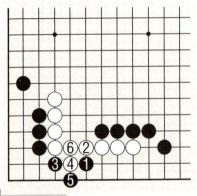

图3 失败

问题 94 解说

图 1 正解

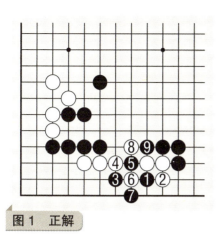

图 1 正解

黑 1 托是攻击白棋弱点的手筋，白 2 如果阻过，黑 3 是连贯的好棋，以下进行至黑 9，双方下成打劫，白棋不好。

图 2 变化 1

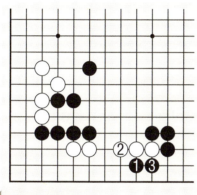

图 2 变化 1

黑 1 时，白 2 如果退，黑 3 联络后，黑棋在攻击白棋的同时，又捞取了实地。

图 3 变化 2

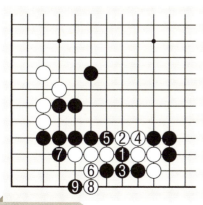

图 3 变化 2

黑 1 虎时，白 2 立即打吃是大恶手，以下进行至黑 9，结果白棋无条件死。

问题 95

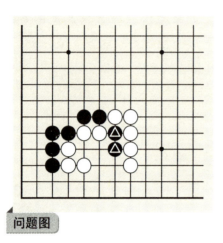

问题图

黑先。黑▲二子并非毫无生还的希望，只要黑棋下出手筋，完全可以救活。那么请问黑棋的正确下法是什么？

问题 96

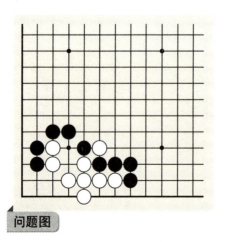

问题图

黑先。明知自己的棋子肯定会被对方吃住，有时却偏偏去让对方吃，这就是弃子的妙用。那么请问黑棋的正确下法是什么？

问题 95 解说

图 1 正解

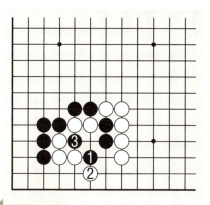

图 1 正解

黑 1 尖是利用倒扑的手筋，白 2 扳过，黑 3 倒扑，双方在此告一段落。这也是双方最佳应对。

图 2 变化

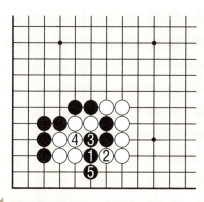

图 2 变化

黑 1 尖时，白 2、4 缺乏思考，至黑 5，白六子只好束手就擒。

图 3 失败

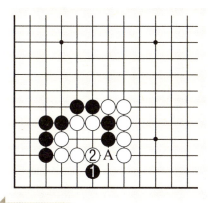

图 3 失败

黑 1 点，希望白棋在 A 位打吃，但白 2 是急所，因而黑棋的想法不能实现。

问题 96 解说

图 1　正解

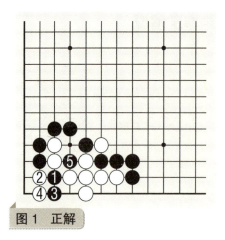

图 1　正解

黑 1 断，让白棋去吃。白 2、4 时，黑 5 扑是使白棋下成假眼的手筋，结果可以吃住白棋。

图 2　失败 1

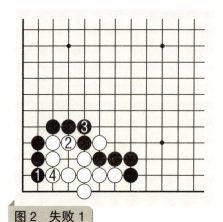

图 2　失败 1

黑 1 下立，被白 2 先手打，黑棋痛苦。至白 4，黑棋只好眼看着白棋做活。

图 3　失败 2

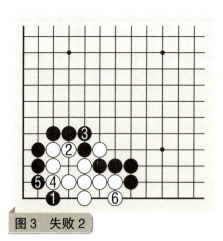

图 3　失败 2

黑 1 点时，白 2 先手打很舒服，接着白 4 与黑 5 交换后，白 6 下立，白棋可以活。

问题 97

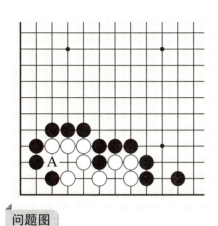

问题图

黑先。黑棋在本题中应不给白棋在 A 位先手利用的机会。而黑棋单下 A 位又只能是失败。那么请问黑棋正确的下法是什么？

问题 98

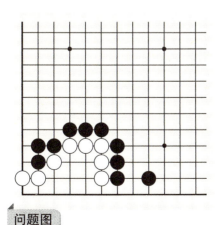

问题图

黑先。本题中看似急所有多处，但正确的答案只有一个。黑棋应该充分利用倒扑的手段才能解决问题。那么请问黑棋的正确下法是什么？

问题 97 解说

图 1　正解

黑 1 点是正确的攻击方法，白 2 被迫挡时，黑 3 利用弃子，以下进行至黑 7，白棋不能活。

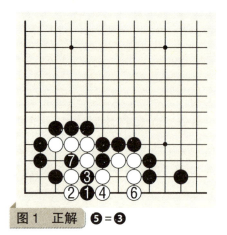

图 1　正解　❺=❸

图 2　失败 1

黑 1 破眼时，白 2 可以先手利用，黑 3 如果连接，则白 4 后白 6 做眼，白棋可以活。

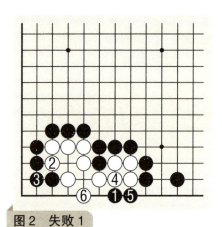

图 2　失败 1

图 3　失败 2

黑 1 破眼，白 2 占急所，以下黑 3、白 4，白棋净活。

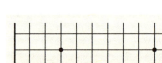

图 3　失败 2

问题 98 解说

图 1 正解

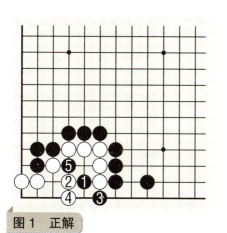

图 1 正解

黑 1 夹严厉，白 2 如果虎，黑 3 渡过后，白棋已是被倒扑的棋形。白 4 下立，则黑 5 倒扑，可以吃住整块白棋。

图 2 失败 1

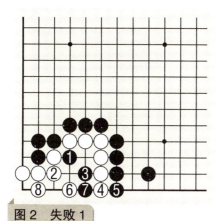

图 2 失败 1

黑 1 与白 2 交换后再下黑 3，不能令人满意。此时白 4 下立绝妙，以下进行至白 8，白六子虽被吃，但白棋却可以活角。

图 3 失败 2

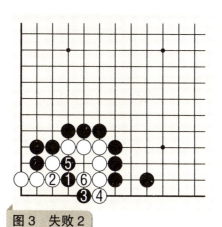

图 3 失败 2

黑 1 点，白 2 连接之后，黑棋已无任何攻击手段。

问题 99

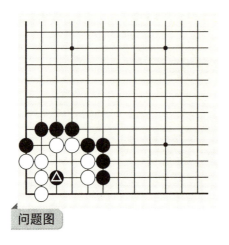

问题图

黑先。黑△一子位处急所，黑棋如果能把握正确的次序，即可充分发挥此子的威力。那么请问黑棋的正确下法是什么？

问题 100

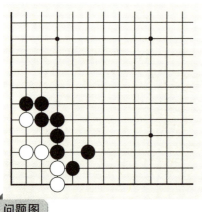

问题图

黑先。黑棋如果要吃住整块白棋，首先须点中要害，而且其后续手段也要考虑到。那么请问黑棋的正确下法是什么？

问题99解说

图1 正解

黑1尖是攻击的要领，白2被迫挡时，黑3再断，白棋已无法摆脱被倒扑的命运。

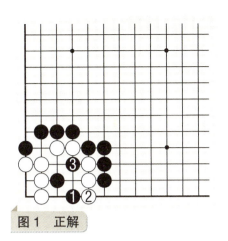

图1 正解

图2 变化

黑1尖时，白2如果补断点，则黑3打后，黑5连接，即可简单吃住白棋。

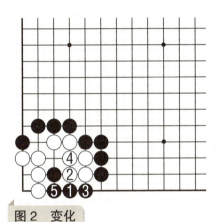

图2 变化

图3 失败

黑1扳时，白2是好棋，其后黑3即使打吃，白4、6可以吃黑接不归。

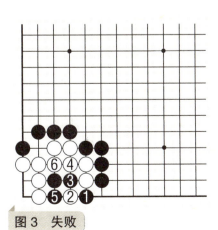

图3 失败

问题100 解说

图1 正解

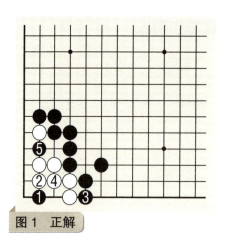

图1 正解

黑1点不给白棋任何反击机会，白2如果虎，黑3先手利用后，黑5打吃，即可简单吃住白棋。

图2 变化

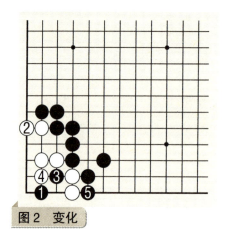

图2 变化

黑1点时，白2如果下立，黑3断即可解决问题。白4打吃时，黑5可以利用倒扑吃住白棋。

图3 失败

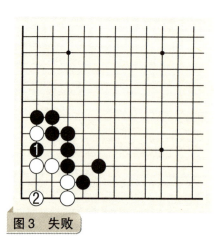

图3 失败

黑1打吃，白2补，黑棋失败。

问题 101

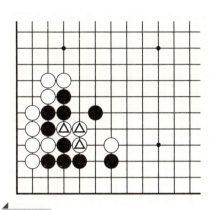

问题图

黑先。黑棋如能吃住白△三子,当然非常舒服。那么请问黑棋正确的下法是什么?

问题 102

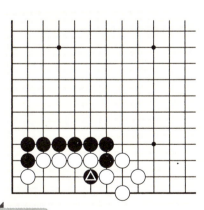

问题图

黑先。黑△一子已肯定不能救活,但黑棋却可以利用这个子在角上做点文章。那么请问黑棋的正确下法是什么?

问题 101 解说

图 1 正解

黑1挖是唯一的手段,白2打吃时,黑3、5反打成劫,而且黑7可先提劫。

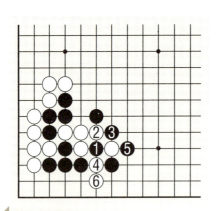

图 1 正解　❼=❶

图 2 失败 1

黑1靠虽似棋形的急所,但被白2连接,其后黑3挡,白4冲、6断打,黑棋明显失败。

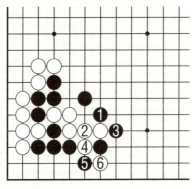

图 2 失败 1

图 3 失败 2

实战中黑棋很可能下成黑1长,但白2、4、6后,中腹的黑棋成为白棋的攻击目标。

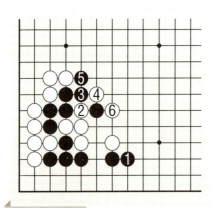

图 3 失败 2

问题 102 解说

图 1 正解

黑 1 断准备做劫是手筋，白 2 打吃时，黑 3、5 反打，结果双方下成打劫，此劫黑轻白重。

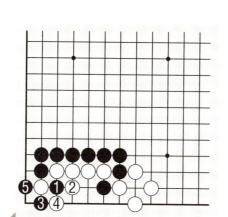

图 1 正解

图 2 变化

黑 1 打吃时，白 2 下立是很危险的，黑 3 做劫后，白棋要出大问题。

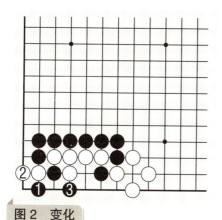

图 2 变化

图 3 失败

黑 1 与白 2 交换是俗手，此后已无任何手段。

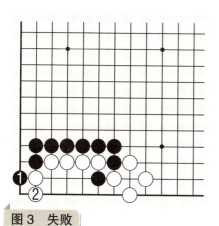

图 3 失败

问题 103

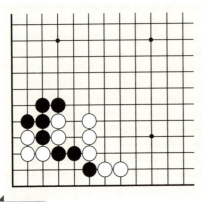

问题图

黑先。黑棋如果简单地与白棋杀气是不会成功的,只有利用角的特殊性才能取得成效。那么请问黑棋的正确下法是什么?

问题 104

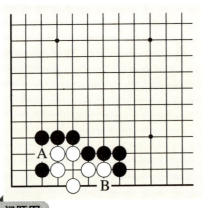

问题图

黑先。黑棋如在A位接,白B下立后,白棋净活。那么请问黑棋攻击白棋的正确方法是什么?

问题 103 解说

图 1　正解

黑 1、3 连扳是利用角的特殊性的手段，至黑 5，可以成功做劫。

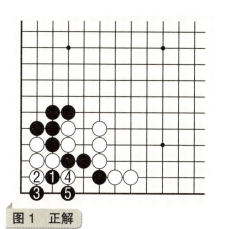

图 1　正解

图 2　变化

黑 1 连接时，白 2 扳失误，黑 3 扑后，黑 5 打，双方又下成打劫。

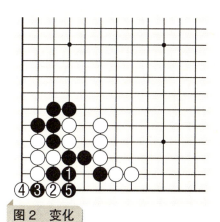

图 2　变化

图 3　失败

黑 1、3 扳接是坏棋，而白 4 下立是好棋，至白 6，白棋在对杀中取胜。

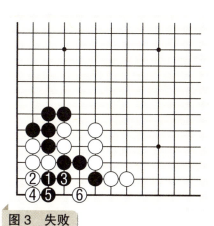

图 3　失败

问题 104 解说

图 1 正解

黑 1 倒尖是手筋，白 2 被迫下立，黑 3 则可以扑劫。

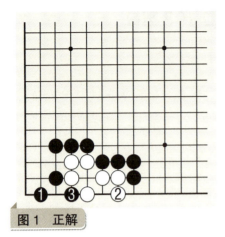

图 1 正解

图 2 变化

黑 1 时，白 2 若防扑劫，黑 3 扳后，白棋无条件死。以后白 A 时，黑 B 挡即可。

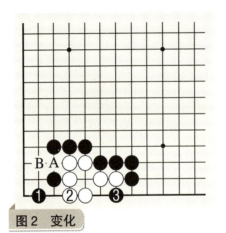

图 2 变化

图 3 失败

如果是实战，很可能下成黑 1 连接，白 2 后，只能是黑 3 先手定形。

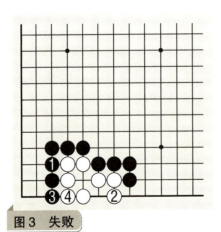

图 3 失败

问题 105

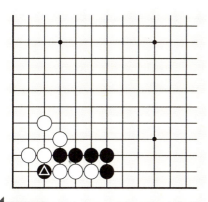

黑先。现在就断定黑▲一子已经死掉还为时过早，黑棋完全可以利用角的特殊性而有所作为。那么请问黑棋正确的下法是什么？

问题图

问题 106

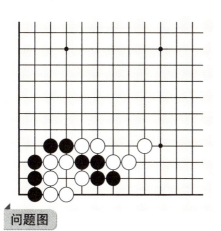

黑先。黑棋在本题中如果单单紧气，这一棋形将是典型的白棋有眼杀黑棋无眼。那么请问黑棋该用什么样的非常手段？

问题图

问题 105 解说

图 1　正解

黑 1 扳是顽强的抵抗，白 2 打吃时，黑 3 可以做劫。

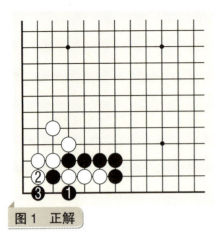

图 1　正解

图 2　失败 1

黑 1 长是自我紧气的大恶手，以下进行至白 4，黑棋在对杀中失败。

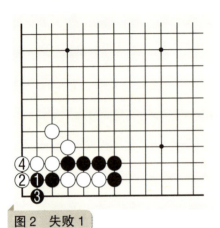

图 2　失败 1

图 3　失败 2

如果是实战，很可能下成黑 1 扳，先手收官而已。

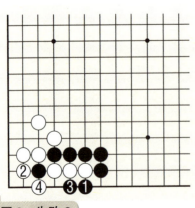

图 3　失败 2

问题 106 解说

图 1　正解

黑 1 扑是复活的准备动作，白 2 被迫提子，黑 3、5 可以下成打劫。

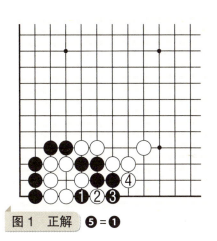

图 1　正解　❺ = ❶

图 2　失败 1

黑 1 下立，白 2 挡后，白棋有眼杀黑棋无眼。

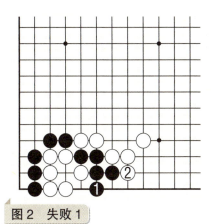

图 2　失败 1

图 3　失败 2

黑 1 下立虽同样可以做劫，但以下进行至白 4，白棋先提劫。这与正解中黑先提劫的差别很大。

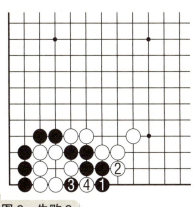

图 3　失败 2

问题 107

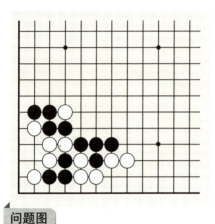

问题图

黑先。角上黑三子仅有两口气，只有靠连打来施展手段。黑棋同样应该利用角的特殊性才能解决问题。那么请问黑棋的正确下法是什么？

问题 108

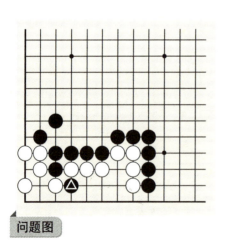

问题图

黑先。对黑▲一子的利用如何，是黑棋攻击成败的关键。黑棋如果攻击成功，收获会很大。那么请问黑棋正确的下法是什么？

问题 107 解说

图 1　正解

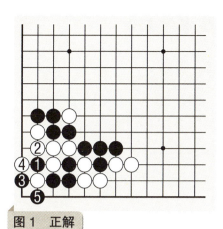

图 1　正解

黑 1 打吃，白 2 时，黑 3、5 滚打是基本手筋，结果双方下成打劫。

图 2　变化

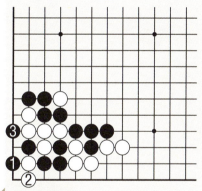

图 2　变化

黑 1 打吃时，白 2 如果下立，黑 3 后，双方仍然下成打劫。不过这是紧劫，白棋仍以选择正解的进行为好。

图 3　失败

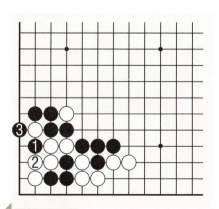

图 3　失败

黑 1、3 打拔白一子，仅仅是官子，黑棋失败。

问题108 解说

图1 正解

黑1先手与白2交换非常重要，其后黑3靠，以下白4、黑5是双方的最佳进行，结果双方下成打劫。

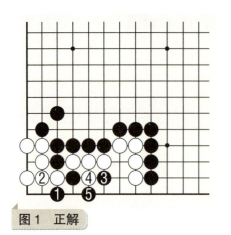

图1 正解

图2 变化

黑1靠时，白2连接是自寻灭亡的下法，黑3连接后，白棋无条件死掉。

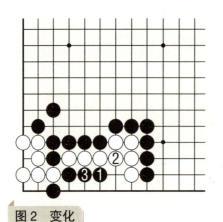

图2 变化

图3 失败

黑1夹虽也是手筋，但白2补棋后，黑棋失算。黑3虽可吃住白四子，但整体来说黑棋因小失大。

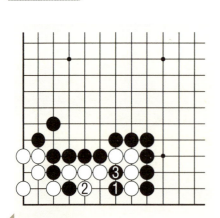

图3 失败

问题 109

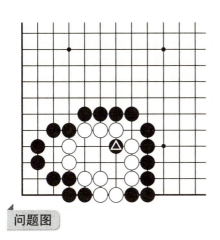

问题图

黑先。要攻击白棋，只有充分发挥白阵中黑❶一子的作用才行。那么请问黑棋的正确下法是什么？

问题 110

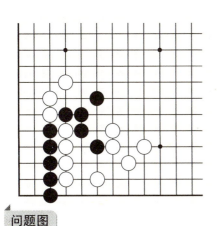

问题图

黑先。黑棋要吃住白棋四子连成的棍子，须用挖的手段，还要充分利用一路下立的黑子的作用。那么请问黑棋的正确下法是什么？

问题 109 解说

图 1 正解

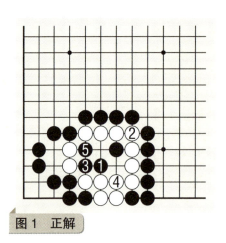

黑1是发挥白阵中黑一子活力的正确下法，白2为防倒扑而接上，黑3则断打，至黑5，白棋整体不能活。

图 2 变化

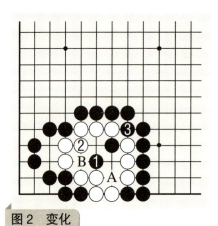

黑1时，白2如果连接，黑3断很好，以后A、B两处黑必得其一。

图 3 失败

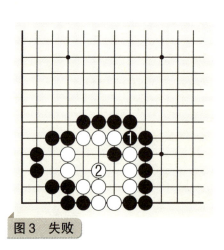

黑1断，被白2占据急所，黑棋失败。

问题110 解说

图1 正解

黑1挖是攻击白棋形弱点的手筋，白2打吃，黑3、5先手，黑7可以吃白接不归。

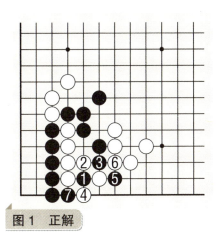

图1 正解

图2 变化

黑1挖时，白2如从一路打吃，黑3、白4后，黑5先手打，再黑7夹，白棋同样被吃。

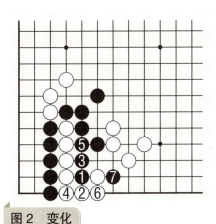

图2 变化

图3 失败

黑1顶，白2连接，其后黑3强扳，但白4断，黑棋失败。

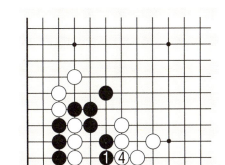

图3 失败

二、脱险

问题 111

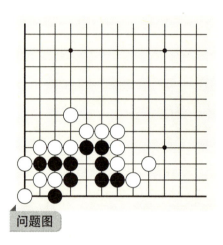

问题图

黑先。本题是有关基本死活的问题。如果认为黑棋不论如何下都能活棋，肯定会遭到迎头痛击。那么请问黑棋正确的下法是什么？

问题 112

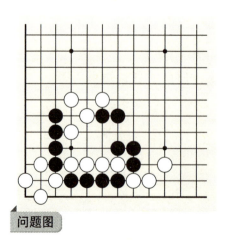

问题图

黑先。黑棋如果不能吃住中间的白四子，自然要受到白棋的欺负。如何攻击白棋的弱点，是成败的关键。那么请问黑棋正确的下法是什么？

问题 111 解说

图 1　正解

黑 1 连接稳健，白棋为防止接不归，只好白 2 连接，黑 3 下立后，黑活。

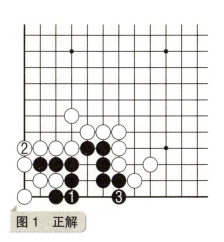

图 1　正解

图 2　失败 1

黑 1 先下立次序错误，白 2 时，黑 3 连接，想在 A 位吃白接不归，但白 4 后，黑棋已没有机会在 A 位打吃。

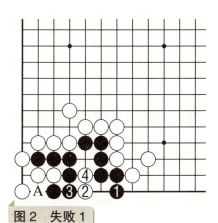

图 2　失败 1

图 3　失败 2

黑 1、白 2 时，黑 3 如果做眼，白 4 扑后，黑棋是假眼。

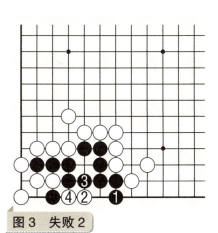

图 3　失败 2

问题 112 解说

图 1 正解

黑 1 是正确的下法，白 2 打吃时，黑 3、5 果断弃子是焦点，至白 6 是必然的次序，后续变化见图 2。

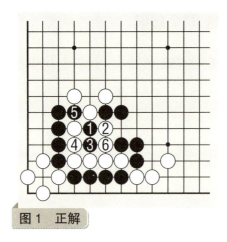

图 1 正解

图 2 正解继续

黑 1 扑可以成立，白 2 如果连接，黑 3 吃倒包。

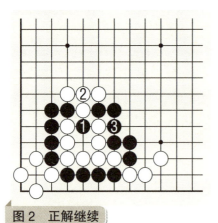

图 2 正解继续

图 3 失败

黑 1 挤虽是正确的，但白 2 时，黑 3 错误，白 4 提子，黑 5 再打吃时，白 6 可以连接。

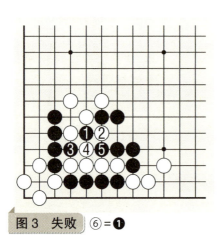

图 3 失败　⑥=❶

问题 113

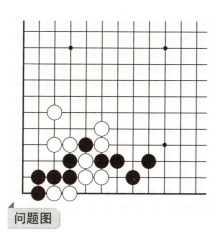

问题图

黑先。本题是有关棋的基本联络问题。那么请问黑棋联络的手筋是什么？

问题 114

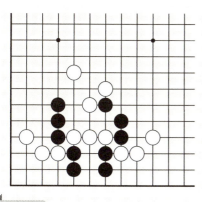

问题图

黑先。黑棋被分割成三块，只有吃住中间的白三子方可联络。那么请问黑棋利用白棋断点的正确下法是什么？

问题113 解说

图1 正解

黑1靠是联络的唯一手段,白2如果打吃,黑3断,白4时,黑5提子,黑棋可以联络。

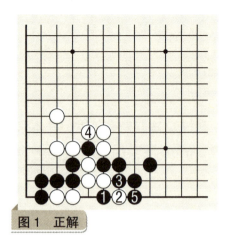

图1 正解

图2 失败1

黑1提子时,白2扑,黑棋难免一死。

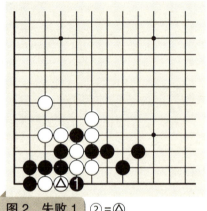

图2 失败1 ②=△

图3 失败2

黑1、白2时,黑3提子错误,白4只需反提,黑棋便死掉。

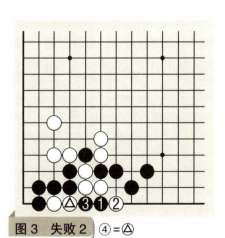

图3 失败2 ④=△

问题 114 解说

图 1　正解

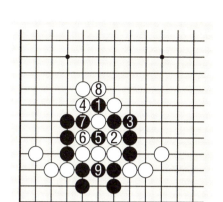

图 1　正解

黑 1 断是正确利用白棋断点的方法，白 2 与黑 3 交换后，白 4 打吃是最强抵抗，但以下进行至黑 9，黑棋可以吃白接不归。

图 2　失败

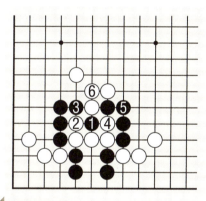

图 2　失败

黑 1 挖是很容易考虑的下法，白 2 打吃时，黑 3 挤，但白 4 提子是对黑棋的致命一击。

图 3　变化

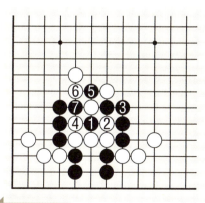

图 3　变化

黑 1 挖时，白 2 打吃是大恶手，黑 3 连接，白 4 以下至黑 7，又还原成正解的结果。

问题 115

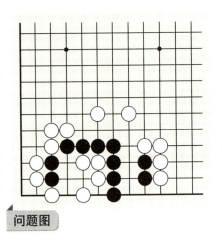

问题图

黑先。黑棋如何巧妙紧气是本题取胜的关键。那么请问黑棋的正确下法是什么?

问题 116

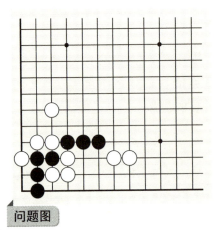

问题图

黑先。初学围棋的人碰到这一问题可能会不知所措,但达到一定水平的爱好者或许会应对自如。那么请问黑棋的正确下法是什么?

问题 115 解说

图 1 正解

黑 1 挤是手筋，白棋为避免接不归，只好白 2 连接，黑 3、5 后，白棋仍难免接不归。

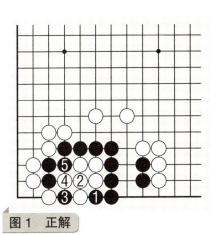

图 2 变化

黑 1 时，白 2 如断打，则黑 3 反打，白棋也不行。

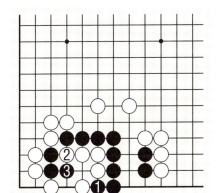

图 3 失败

黑 1 连接失误，白 2 连接后，白棋已无任何缺陷，即使黑 3 打吃，白 4 连接即可。

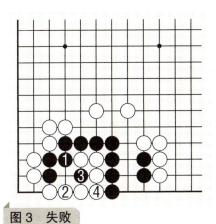

问题116 解说

图1 正解

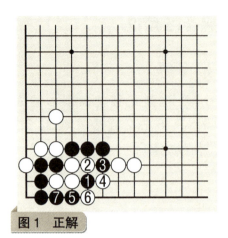

黑1靠是出发点,白2、4冲吃时,黑3以下进行至黑7,黑棋可以吃白接不归。

图2 变化

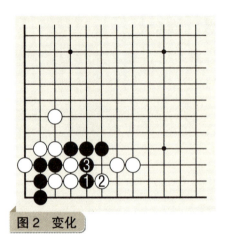

黑1靠时,白2如果夹,黑3简单联络即可。

图3 失败

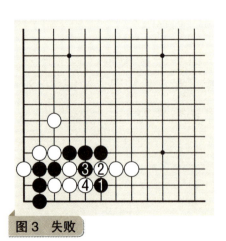

黑1跳方向错误,白2、4冲断后,黑棋已无抵抗的能力。

问题 117

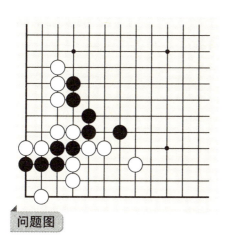

问题图

黑先。角上黑五子本身肯定无法做活，要活棋，唯一的出路是通过吃住白子而与外面的黑棋形成联络。那么请问黑棋的正确下法是什么？

问题 118

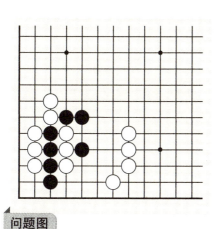

问题图

黑先。本题是对枷手筋的利用。那么请问黑棋如何下才能枷住白三子？

问题 117 解说

图 1　正解

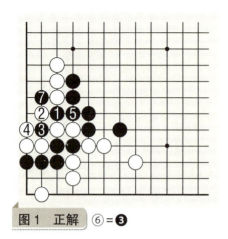

图 1　正解　⑥=❸

黑1挖是正确下法，白2时，黑3扑是次序，白4必然提，黑5再打吃，白6若接，黑7打即可。

图 2　失败 1

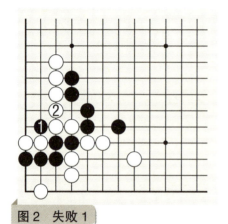

图 2　失败 1

黑1打吃，白2连接，黑棋失败。实战中，如黑棋只有这一下法时，则应在此脱先，而在适当的时机，以此作为劫材较好。

图 3　失败 2

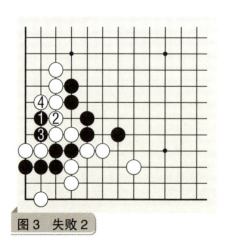

图 3　失败 2

黑1点，虽比图2多了一层思考，但以下进行至白4，结果大同小异。

问题 118 解说

图 1　正解

黑棋不受 A 位和 B 位断点的影响，黑 1 枷是手筋。

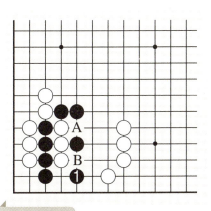

图 1　正解

图 2　正解继续

黑 1 枷时，白 2、4 试图出逃，但黑 3 以下进行至黑 7，黑棋可以吃白接不归。

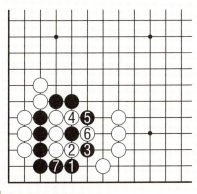

图 2　正解继续

图 3　失败

黑 1、3 看似可行，但白 2 以下至白 6，由于白△一子可以发挥作用，黑棋失败。

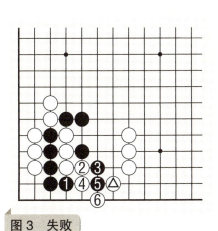

图 3　失败

问题 119

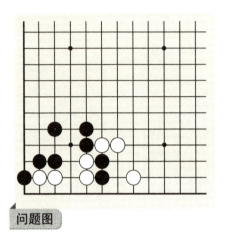

问题图

黑先。黑二子仅有三口气,胜负的关键是黑棋能否救活这二子。那么请问黑棋的正确下法是什么?

问题 120

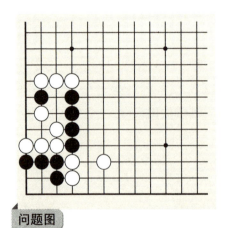

问题图

黑先。本题强调次序的重要性。黑棋不顾自己的断点,先攻入敌阵,反而可以取得意外的成果。那么请问黑棋的正确下法是什么?

问题 119 解说

图 1　正解

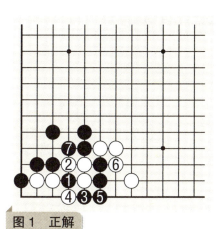

图 1　正解

黑 1 挖，白 2 必然打吃，黑 3、5 滚打是要领，至黑 7，黑棋在对杀中快一气。

图 2　失败 1

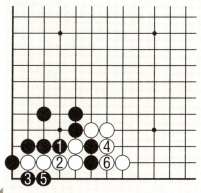

图 2　失败 1

黑 1 与白 2 交换是大恶手，以下进行至白 6，黑棋在对杀中慢一气。

图 3　失败 2

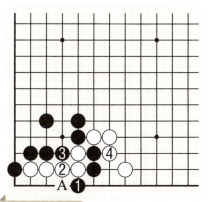

图 3　失败 2

黑 1 扳同样不行，白 2 连接稳健，至白 4，黑棋失败。其中白 2 如果下在 A 位挡，将又还原成正解的进行。

问题 120 解说

图 1 正解

黑 1 点是手筋，白 2 时，黑 3 连接，白 4 时，黑 5 扑，可以下成倒扑吃。

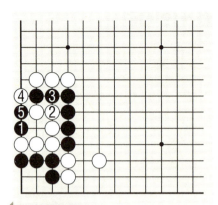

图 1 正解

图 2 变化

黑 1 时，白 2 如果挡，黑 3 打吃即可解决问题。黑棋成功的原因是黑 A 没有与白 B 交换。

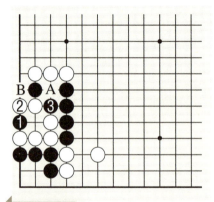

图 2 变化

图 3 失败

黑 1 与白 2 交换后再黑 3 点，次序错误。此时白 4 连接，黑棋已无任何手段。

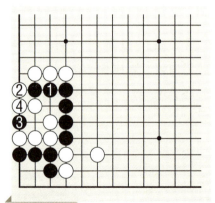

图 3 失败

问题 121

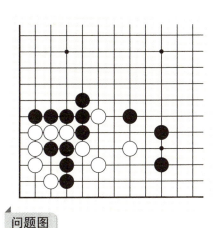

问题图

黑先。图中的黑棋看似已完全绝望，其实尚存在巧妙手段。有时简单的棋，却有可能是最佳下法。那么请问黑棋正确的下法是什么？

问题 122

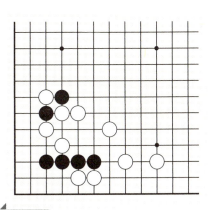

问题图

黑先。黑棋棋形近乎崩溃，但仍有一线希望。对白棋的弱点如何利用，将决定黑棋的生死。那么请问黑棋应如何处理此棋形？

问题121解说

图1 正解

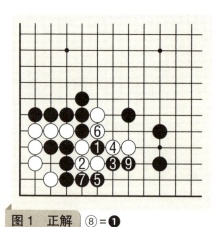

图1 正解 ⑧=❶

黑1打吃后,黑3顶是最佳下法。白4、6被迫打拔黑一子时,黑5、7先手利用,黑9联络,形势发生了逆转。

图2 失败

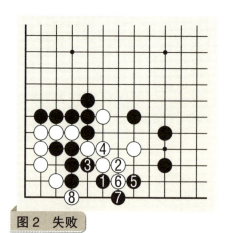

图2 失败

黑1托是过分的下法,黑3、5后,看似可以联络,但以下进行至白8,黑棋整体气紧不能如愿。

图3 失败继续

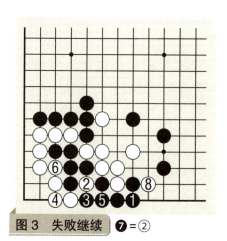

图3 失败继续 ❼=②

黑1如果连接,白2扑后,白4连接是必杀的次序,以下进行至白8,黑大龙全死。

问题 122 解说

图 1　正解

黑 1、3 先手，其后白 4 时，黑 5 虎，至黑 7，黑棋做活。

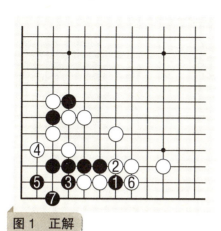

图 1　正解

图 2　变化

黑 1、3 时，白 4 如果打吃，黑 5 尖后，黑棋已具备足够的生存空间。

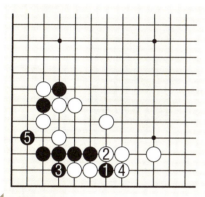

图 2　变化

图 3　失败

黑不在 A 位虎，而黑 1 挡是错误的，白 2 打吃后，黑棋无法做活。

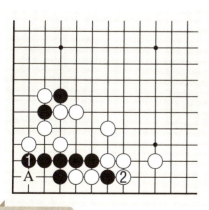

图 3　失败

曹薰铉、李昌镐精讲围棋系列

第一辑

精讲围棋官子.官子计算
精讲围棋官子.官子手筋
精讲围棋官子.官子次序

第二辑

精讲围棋棋形.定式常型
精讲围棋棋形.棋形急所
精讲围棋棋形.手筋常型

第三辑

精讲围棋布局.布局基础
精讲围棋布局.布局技巧
精讲围棋布局.布局实战1
精讲围棋布局.布局实战2
精讲围棋布局.布局实战3

第四辑

精讲围棋定式.星定式
精讲围棋定式.小目定式
精讲围棋定式.目外高目三三定式
精讲围棋定式.定式选择
精讲围棋定式.定式活用

第五辑

精讲围棋对局技巧.基本技巧
精讲围棋对局技巧.接触战
精讲围棋对局技巧.实战对攻

第六辑

精讲围棋中盘技巧.打入与侵消
精讲围棋中盘技巧.攻击
精讲围棋中盘技巧.试应手

第七辑

精讲围棋手筋.1
精讲围棋手筋.2
精讲围棋手筋.3
精讲围棋手筋.4
精讲围棋手筋.5
精讲围棋手筋.6

第八辑

精讲围棋死活.1
精讲围棋死活.2
精讲围棋死活.3
精讲围棋死活.4
精讲围棋死活.5
精讲围棋死活.6